小学语文

教学实践探究

甘清梅 车兴钰 / 著

世界图书出版公司
WORLD PUBLISHING CORPORATION
WPC

图书在版编目（CIP）数据

小学语文教学实践探究 / 甘清梅，车兴钰著 . -- 北京：世界图书出版公司，2019.6
ISBN 978-7-5192-6324-9

Ⅰ .①小… Ⅱ .①甘… ②车… Ⅲ .①小学语文课—教学研究 Ⅳ .① G623.202

中国版本图书馆 CIP 数据核字（2019）第 111094 号

书　　　　名	小学语文教学实践探究	
（汉语拼音）	XIAOXUE YUWEN JIAOXUE SHIJIAN TANJIU	
著　　　　者	甘清梅　车兴钰	
总　策　划	吴迪	
责　任　编　辑	王林萍　刘贝贝	
装　帧　设　计	刘岩	
出　版　发　行	世界图书出版公司长春有限公司	
地　　　　址	吉林省长春市春城大街 789 号	
邮　　　　编	130062	
电　　　　话	0431-86805551（发行）　0431-86805562（编辑）	
网　　　　址	http：//www.wpcdb.com.cn	
邮　　　　箱	DBSJ@163.com	
经　　　　销	各地新华书店	
印　　　　刷	三河市燕春印务有限公司	
开　　　　本	787 mm×1092 mm　1/16	
印　　　　张	13.5	
字　　　　数	243 千字	
印　　　　数	3 001—5 000	
版　　　　次	2019 年 6 月第 1 版　2020 年 5 月第 2 次印刷	
国　际　书　号	ISBN 978-7-5192-6324-9	
定　　　　价	45.00 元	

扎根彝乡育桃李　一片丹心绽芬芳

　　请允许我向大家介绍这样一位教师：她28年如一日，义无反顾，扎根彝乡，为那里的教育事业，默默耕耘于三尺讲台。她在工作上恪尽职守，甘于奉献，从一名普通教师，到班主任、教研组长、副校长，再到书记、校长、云南省"国培计划"项目小学语文名师工作坊坊主。她就是楚雄市灵秀小学现任校长甘清梅老师。她在平凡的工作岗位上创造了不平凡的业绩。曾获"云南省省级中小学语文学科带头人""云南省劳技教育优秀教师""楚雄州教育科研先进个人""楚雄州第一届骨干教师""楚雄州家庭教育骨干教师""楚雄州首届名教师""楚雄市优秀教师""中共楚雄市委'创先争优'先进工作者""市级优秀党务工作者""楚雄市教育局电化教育先进个人、优秀党员、'五带头'党员""先进个人"等荣誉称号。她把最美的青春无私地奉献给彝乡的教育事业，可谓是"扎根彝乡育桃李，一片丹心绽芬芳"。

一、关心学生，倾注师爱

　　苏霍姆林斯基说："好的孩子人人爱，爱不好的孩子才是真正的爱。"甘老师不仅爱那些聪明、优秀的学生，也爱那些调皮、成绩差的学生，做到爱中有严、严中有爱。在她眼里，每个学生都是一幅独特的作品，教师要认真雕琢、打磨，最终让他们成为一幅好作品。正如她有一个学生飞飞，父亲外出打工，一次拆房时受伤致残，母亲因家庭经济困难离家出走，他不得不跟着70多岁的爷爷生活。这种不幸的遭遇给飞飞幼小的心灵以沉重的打击，他的自卑心理日益严重，学习远远滞后于其他学生。甘老师知道了飞飞的情况，多年来坚持利用课余时间跟飞飞谈心，辅导功课，把学校不多的寒窗助学金也争取给了他。在甘老师的帮助下，飞飞最终成长为一名品学兼优的学生。甘清梅老师用自己的爱心浇灌了无数这样的学生，让学生们重拾信心和勇气。这就是"爱生如子"高尚师德的最好诠释。

二、投身改革，勇于实践

甘清梅老师不仅关爱自己的学生，而且在教育教学中积极投身改革，勇于实践，不断提升自身的专业素养。28个春秋，她为了心中那无言的承诺，日夜操劳，无怨无悔。有时为了准备一堂课，她认真钻研教材很多遍；有时为了学生的一个问题，她查阅书籍，反复琢磨，细细推敲。经过长时间积淀，她形成了自己独特的教学风格。她曾为小学"目标教学"献优质课一节，曾获得"全国语文教学优秀奖"，在云南省教师课堂展示活动中上了一节观摩课。劳技课设计在全国中小学劳动技术教育优质课评选中荣获中央教育科学院二等奖。她还获得"楚雄州小学语文青年教师阅读教学竞赛二等奖""楚雄市小学语文课堂教学讲赛一等奖"，所写论文及多篇教学设计发表在《云南教育》《楚雄师范学院学报特刊》《学生新报》上，她撰写论文17篇，多篇获得过国家级及省级一、二、三等奖，所执教的多节录像课获云南省教科院一等奖。

三、示范引领，追求卓越

在教育教学领域里，甘清梅老师硕果累累，令人羡慕。但甘老师没有就此止步，她想把自己多年积累的教学经验和精湛的教学技艺分享给更多的老师，充分发挥"种子"和"领头雁"的示范引领和辐射作用。她在云南省，特别是楚雄州国培计划培训项目可持续发展中做出贡献。她曾被全国中小学教师继续教育网聘请为"国培计划（2013）——云南省农村义务教育教师远程培训项目班级辅导教师"，曾连续五年被楚雄师院聘请为"国培计划中西部地区中小学骨干教师培训项目小学语文培训班""云南省第二、三期农村小学语文骨干教师培训班""国培云南省农村骨干教师培训小学语文（置换脱产）培训班""2016年国培楚雄师院小学语文培训班""2017年国培计划——乡村小学语文教师培训团队研修项目培训班""国培计划（2016）云南省中小学教师团

队置换脱产研修小学思想品德学科"授课教师。她多次被楚雄州教育局师训科、楚雄市教师培训中心聘请为"小学语文骨干教师培训班"授课教师，总共做专题讲座26场次，上示范课16节。同时，她还带领云南省"国培计划"项目小学语文名师工作坊的15位成员，扎根楚雄彝族自治州九县一市，开展丰富多彩的工作坊研修活动，在"研讨、培训、切磋、引导、交流"中同研共进。工作坊共进行集中研修活动5次，送教活动6次，聘请专家讲座4次，坊主进行专题讲座6次。甘老师就是这样，在小学语文教学中充分示范引领，追求卓越。

四、加强研究，提升自我

甘清梅老师立志做"教育科研的有心人"。她从自身实际出发，以遇到的问题为根本，将科研作为教学生活的一部分。她思考如何改变研究工作与教师的教学活动相分离的现状，通过自己的研究改进教学，在科研中获得实效。她曾参与多个课题研究，其中《民族地区（名师名校）小学优质教育资源的扩散与共享研究》被中国教育技术协会评为一等奖；课题《在现代信息技术环境下学与教的理论与实践》《网络环境下构建自主探究的语文教学模式》被云南省教育厅评为二等奖；课题《纵横信息数字化学习与小学生信息综合运用能力的提高与研究》《校本课程〈儿童创新启迪课〉研究》《小学教师教育技术能力培养研究》《小学语文探究性学习模式研究》《提高小学生阅读理解能力的实践》《小学语文多元化识字的实践》均已结题。

五．甘于奉献，树立师德

奉献是一首美妙的诗，奉献是一曲动人的歌。甘清梅老师深深懂得作为教师，就意味着奉献与牺牲，她不怕苦、不怕累，勇挑重担。曾辅导13位教师参加省、州、市课堂教学竞赛，参赛教师多次获得省、州、市各个等级的奖项。辅导学生参加"世界华人小学生作文大赛""科幻论文比赛"都获得了各级奖励。

在楚雄市北浦小学工作期间，甘老师担任学校党总支书记。她始终牢记习近平总书记说的话，一定要做"四有"好老师，率先垂范，以身作则。她是那样做的，也是那样号召全校教职工的。在她的带领下，北浦小学党总支曾被评为"优秀党总支""创先争优暨感恩教育活动先进基层党组织""楚雄市基层党组织建设示范点""楚雄州廉政文化进学校示范点""党建目标管理优秀党总支""党风廉政建设目标管理责任制考核优秀党总支"。甘清梅老师就是这样，无论在哪个岗位上，都展示着一位优秀教师该有的风范。

28个春秋，有过掌声，有过泪水；有过荆棘，有过鲜花；有过坎坷，有过欢歌。甘老师始终献身于彝乡的教育事业，把对教育的赤诚之心献给了彝乡这片火热的土地。现在，作为楚雄市灵秀小学的校长，她将在校长这个岗位上继续书写她不一样的教育人生，真是"扎根彝乡育桃李，一片丹心绽芬芳"。

随着新课改的不断深化，小学语文作为小学阶段最基础的教育学科，越来越受到人们的关注。在小学语文课堂上，教师已不再是课堂的主宰者，而是课堂的组织者和引导者。学生成了课堂真正的主人，他们的主动性、能动性及创造性得到了充分发挥。原来以教师的"教"为主的课堂，已经逐步转化为由教师引导着学生的"学"为主的课堂。在本书中，甘清梅老师从汉语拼音教学、识字写字教学、阅读教学、习作教学等几个方面，从多年在教学一线的经验入手，以课堂教学实践中的课例为线索，指导广大教师如何在小学语文课堂教学实践中引导学生"自主、合作、探究"学习，让教师们有清晰的逻辑体系，将"是什么""为什么""怎么做"三大版块建立起详细的知识结构，将语文从课程、实施与操作三方面联系起来，全面提高教学质量，培养教师梳理教学理念，更新课堂学习方式，探索自主创新的课堂教学方法。形成特色的课堂教学文化，规范教学行为，提高课堂效率，让每一堂课合理开展。课例中有对教师教学行为的点评，有对学生学习过程的点评，也有对整堂课的教学反思，在点评与反思中，引导教师做一位会"教"的教师，教师引领学生学会做一名会"学"的学生。让"教"与"学"在课堂上绽放生命光彩！

目录

第三章 阅读教学

第四章 习作教学

第五章　小组合作学习

附录：教育随笔

1

第一章

汉语拼音教学

音字相思　勾勒缱绻

　　学习汉语拼音的主要目的是帮助学生认识汉字、读准汉字并准确发音，起到辅助学习、以简概全的作用。作为帮助学生达到由简单向复杂过渡的媒介，拼音与汉字的整体教学是必不可少的。

　　马克思曾经揭示了人的思维过程中两条运动方向完全相反的道路，第一条道路是"完整的表象蒸发为抽象的规定"，即从具体到抽象；第二条道路则是"抽象的规定在思维行程中导致具体的再现"，即从抽象到具体。这两条运动方向完全相反的道路，构成了人们对一个具体事物的认识过程。从具体到抽象，是从感性的具体到达抽象的规定。客观事物是诸多感性规定性的统一体。通过分析，人们能够区分本质的方面和非本质的方面，从中抽取出本质的方面并用概念固定下来，即从汉字到拼音的学习。从抽象到具体，是从抽象的规定到达思维中的具体。把反映事物各方面本质的抽象规定综合起来，人们能够形成关于事物的整体认识，使具体在思维中再现出来，即从拼音到汉字的学习。汉字与拼音的学习相辅相成，密不可分。

　　学习拼音能帮助学生很好地认识汉字，能为今后的学习打下基础；认识声母和韵母及其声调与拼写规则尤为重要。教学过程中由单一的字词向短句、长句过渡，让学生具备"以不变应万变"的能力。小学一年级学生的思维方式还停留在具体层面，并未达到抽象层次。而拼音对小学生来说是一种相对抽象化的知识，我们需要通过汉字这个载体，把汉字与拼音联系起来，将拼音的知识具象化，让学生理解拼音的作用与原理，通过综合达到许多规定的统一，以实现对拼音的整体把握。比如，在教汉语拼音单韵母"ɑ、o、e"时，当教学"ɑ"的读音时，用一位小女孩正在练声所发出的声音"ɑ"来导入学习，指导发音，然后通过汉字"啊"与"ɑ"相结合，让学生模拟场景，参与其中。

我们认识事物首先是凭借我们的感觉器官去感知每一个具体事物的外在形象，这是我们认识的起点，是进一步认识事物的前提。而后，我们对这些感知的材料进行理性的思考加工：去粗取精、去伪存真、由此及彼、由表及里，就可以获得对事物内在的、本质的、规律性的认识，从而完成人类对事物认识过程的第一步，从现象到本质、从感性到理性、从实践到认识、从具体到抽象。《庖丁解牛》中，庖丁从目中全是牛到目中无牛就是这样的境界，还有"见人是人"到"见人不是人"。而"从抽象到具体"是人类认识过程的第二个阶段，第二次飞跃。也可以说，这是从认识到实践，从一般到个别，从普遍到特殊，从抽象到具体。就是指人们把获得的认识回到实践，去检验认知、发展认知、深化认知，去指导实践，为人类服务，从而实现认识的根本目的。庖丁的心中有牛——神技大成，从"见人是人"到"见人不是人"再到"见人仍是人"，此境界所指也。再举个例子，你先看到山，山是具体的，等你再深入理解，山就是巍峨、不屈、坚韧的象征，它就变成了一种精神（抽象）。等你再看的时候，巍峨、不屈、坚韧的精神就深入了你的思想，你就会因此发现更多的事物。除了山，还有丰碑，还有胡杨树等，就是由一种事物的表现，看到了它内在的精神，通过这种精神，你可以发现更多的事物所包含的这种精神，更能具体地看清这个事物，甚至可以联想到其他事物，这是拼音与汉字整体联系教学的根本所在。拼音是较为抽象的，而汉字是较为具体的，通过对汉字的读音进行分析引导，让学生能将拼音这种抽象的东西具体化，从而能有效且高效地学习。而在掌握拼音之后，又能从拼音这样抽象的知识来学习具体的汉字，以达成知识的循坏。

拼音是较为基础的知识，这部分知识较为枯燥乏味。部分学生先入为主的错误读音和写法，部分教师不恰当的教学方式加重了学生学习的负担。为教拼音而教拼音，使学生丧失了学习拼音的兴趣，而正确合理地调动学生学习参与的积极性变得尤为重要。

社会动机推动人们努力学习和工作，积极与他人交往，获得社会和他人的积极评价，社会动机既可用来描述个体的社会行为，也可用来解释个体的社会行为。可以在教学活动中设置一定的奖励，满足学生个体的需要，减少学生学习过程中的紧张与焦虑，使课堂气氛活跃，在情境上激发学生学习内驱力。运用外部肢体语言，通过自主学习、小组学习、大组学习等形式，加深学生对字母的印象与认识，深化学生对拼音模型的组织建构。充分调动感官知觉，强调"口""耳""目"相结合，将动作、发音与字母本身相结合，调动学生学习汉语拼音的积极性，鼓励学生在课堂上积极参与，组织小组讨论活动。

激发内部动机，培养学生的学习兴趣，激发学生的求知欲，创设问题。教师在课堂教学中要采用灵活多样的教学方式，实施启发式教学。童化语言，创设情境，模拟场景，形成悬念，以激起学生的好奇心和学习兴趣。结合教材内容，图文并茂，注重汉字与拼音的联系，尽量不要将字母拼音单独独立出来，加强教学内容的联系性。教学过程中，要善于推陈出新，可通过儿歌、顺口溜、朗读等形式组织教学，力求教学内容具有新意的知识，并提供不同的方式让学生掌握。尽量避免内容和形式上的格式化，注意不能脱离教材内容，一味追求趣味性，不能单纯追求新颖而忽视学生自觉性的培养。通过归因训练或归因指导，提升学生的自我效能感，强调自主学习。激发外部动机，充分利用反馈信息，给予恰当评价。通过结果的反馈，学生既可以看到自己的进步，激起进一步学好的愿望，也可以了解自己的特点，树立克服困难的信心。合理营造课堂环境，妥善处理竞争与合作，让学生快乐地学习。

学生的学习成效不仅是掌握知识、形成技能，还在于能够在新问题或新情境中应用知识，产生预期的行为变化。为此，教师必须注重培养学生的迁移能力，从而有效提高学习效果。利用已有的学习动机进行迁移，在学生缺乏学习动力，没有明确的学习目的和兴趣的情况下，可以利用学生对其他方面的兴趣，组织各项学习活动。通过游戏、动画、讨论等方式，与学习联系起来，把这些活动的动机转移到学习上，"举一反三""触类旁通"。"授人以鱼，不如授人以渔"，教师在教学时要有意地引导学生比较学习材料的异同，启发学生学会总结概括，教师有意识的指导有助于学习迁移。在较为简单、熟知的汉字中认识拼音，教师提供的指导越多，迁移效果越好。应该特别提醒学生注意应用条件，用汉语拼音可以认识一个字、一个词、一个句子、一个段落，甚至是一篇文章。

学习迁移的效果在一定程度上取决于学习材料之间的共同因素。由于材料之间存在着共同的因素，就会产生相同的反映，因而在学习中就会产生不同程度的迁移。重组教材内容就成为关键所在，将拼音在教材中每章节的重点进行剖析，确定课时目标，把知识进行整理组合。紧密联系拼音与汉字的整体教学，改进教材的呈现方式。认知心理学认为，当人们接触一个完全不熟悉的知识领域时，从已知的较一般的整体中分化出细节，要比从已知的细节中概括出整体更容易一些。根据学生认识新事物的自然顺序和认知结构的组织顺序，教材的呈现也应遵循由整体到细节的顺序。在呈现教材时，除了要从纵向方面遵循由一般到具体、不断分化的原则之外，还要从横向的方面加强概念、原理、课题乃至章节之间的联系。在信息技术发达的时代，还可以通过多媒体的方式向学生引入拼音的概念，使学生用易于接受的方式，参与到学习中去，让学生尽可能增加感性认知。注重概念原理的教学。教师在培养小学生学习拼音的听、读、写等基本技能时，必须注重听、读、写等基本概念、原理和规则的教学，这样，学生容易从一种技能的学习向另一种技能的学习迁移。在教学中注重引导学生自己总结出概括化的原理，培养和提高其概括总结的能力，充分利用原理、原则的迁移。重视学习策略，教师有意识地引导学生掌握学习方法，使学生能通过自主学习，加强和巩固学到的知识。多听、多读能有效地加强拼音记忆的实效性，有策略地学习、复习，有助于学生掌握知识。排除干扰，学习拼音。根据地域、生活环境的不同，难免会出现一定的地方音，这对拼音的教学是不利的，教师应帮助学生全面、准确、深刻地分析不同情境中的同和异，不断纠正学生一些先入为主的错误认识，防止对新旧知识学习的干扰，实现拼音的高效学习。

通过学生与教师之间的互动交流，将拼音与汉字整体学习相结合。对拼音进一步进行剖析分解，由具体到抽象，由简单到复杂，由教师到学生逐步过渡，实现拼音教学"举一隅不以三隅反，则不复也"的效果。

汉语拼音教学案例

统编版一年级上册《ai、ei、ui》教学设计及评析

（云南省"国培项目"小学语文甘清梅名师工作坊送教楚雄市
苍岭镇中心小学示范课）

教材分析

《ai、ei、ui》是统编版一年级上册汉语拼音部分第9课的内容。本课由六部分内容组成：第一部分是3个复韵母，配有一幅小朋友们听老奶奶讲故事的情境图。放学了，小朋友们一个挨着一个，围坐在一位戴着眼镜、白头发的老奶奶身边，听老奶奶讲故事。桌子上放着一杯水。其中"挨、奶、白、戴"提示"ai"的音，"杯、围"提示"ei"的音，"水"提示"ui"的音。第二部分是复韵母"ai、ei、ui"的四声。第三部分是声母与"ai、ei、ui"的拼读，包括两拼音节和三拼音节。第四部分是词语，配有一幅情境图。老奶奶带着小女孩愉快地玩耍，小女孩正快步奔向老奶奶。图的右边是两个带拼音的词语"妹妹、奶奶"，提示了图中人物的关系，其中"妹、奶"是本课要认的生字。第五部分是儿歌《小白兔》。其中"bái、wěi、zuǐ、zài"是本课新学的音节，"白、皮"是本课要认的生字。第六部分是本课要求会认的生字"妹、奶、白、皮"及要求书写的音节词"pái、duì"。

教学目标

（1）学会复韵母ai、ei、ui，能正确拼读声母与ai、ei、ui组成的音节。

（2）读读关于ai、ei、ui的一些词语。

（3）正确书写音节。

教学过程

（一）导入

（1）导语：小朋友，你们好！有一只可爱的小白兔想和小朋友们一起上一节语文课，大家欢迎吗？你们瞧，它来了。（课件出示：小白兔）

（2）你们知道小白兔有哪些特点吗？（说说小白兔的特点）

小结：长耳朵、红眼睛、三瓣嘴、短尾巴……多可爱的小白兔呀！

（评析：教师通过孩子们喜爱的小白兔引入教学，一方面，激发学生学习的兴趣；另一方面，在"小白兔"的"白"字的读音中，就隐含着这节课要学习的复韵母"ai"，使学生一开课，就与将要学习的内容产生语境上的亲近感。）

（3）它还给我们带来了6位老朋友，我把它们请出来。（出示单韵母）熟悉吗？谁来说说它们的名字？（指名读）

（4）如果它们戴上一顶小帽子，你还认识吗？（边说边出示带调韵母）我请一组小朋友来读一读。（"开火车"读，注意嘴形）

（5）我们单韵母朋友之间特别友好，经常手拉着手到处玩，今天咱们班就来了3个手拉手的小朋友，看看它们都是谁？（教师随即贴在黑板上3张卡片，卡片上分别画着手拉手的"a"和"i""e"和"i""u"和"i"）这就是我们今天要学习的3个复韵母。

（评析：结合一年级学生的年龄特点，从学生已经学习过的6个单韵母复习，引入新课的学习，放缓了学习的难度，使学生易于接受。）

（二）导学

活动一：认识新朋友

活动任务：交流"你从图中看到些什么？"

活动流程：

1. 明确任务

教师逐一出示活动流程并讲解要求。

2. 自主学习

认真观察情境图，想想图中有些什么。

3. 小组交流

在小组长的组织下有序交流，注意用完整的一句话来说出自己看到了什么。

4. 展示分享

一个小组展示交流成果，并组织其他小组进行分享（补充、追问、质疑等）。

（评析：让学生们在自主学习的基础上进行小组交流，使学生们各自的意见得以充分发表，同时，注意培养低年级学生能说完整的话的好习惯。）

5. 梳理提升

教师引导全体学生复述图画内容，并利用内容引出"ai、ei、ui"并认读。

（1）引导学生复述图画内容：在这个金色的秋季，几个小弟弟和小妹妹，你挨着我，我挨着你，围坐在一起，听一位慈祥的老奶奶讲故事，老奶奶头发已经白了，小朋友们听得多认真啊！

（2）孩子们，看到这位老奶奶，你有没有想起自己的奶奶啊？你爱你的奶奶吗？除了奶奶，你还爱谁？

由"白发老奶奶、挨着坐、爱奶奶"引出"ai"音，教发音方法，范读、抽读、齐读、编儿歌读。

（3）用同样的方法，由"黑头发、背书包、杯子"引出"ei"音，由"围巾、围栏、水"引出"ui"音。

（4）指导读准音。联系生活，利用儿歌、游戏反复练习。

注：游戏——找朋友

——我是"a"（e、u）。

——我是"i"。

——手拉手，不分开，"ai、ai、ai"。

（两位小朋友手拉手，"ei、ei、ei、ui、ui、ui"）

（评析：教师通过引导学生从图画内容中寻找带有"ai、ei、ui"的词语，引出它们的读音，让学生在读词语的过程中，强化读音，这样容易学习。同时，教给学生复韵母的发音方法，再通过"找朋友"的游戏使学生读音强化次数达到最佳的效果。）

活动二：我会读四声

活动任务：交流"怎样读'ai、ei、ui'的四声？"

活动流程：

1. 明确任务

教师逐一出示活动流程并讲解要求。

2. 自主学习

用读单韵母四声的方法，试着读读"ai、ei、ui"的四声。

3. 小组交流

在小组长组织下，轮流读"ai、ei、ui"的四声，会读的同学教教不会读的同学。

4. 展示分享

一个小组展示读，并组织其他小组进行展示、纠正错音。

（评析：这是本节课的第二次小组合作。在这里，教师有效利用了"学生小助手"的功能。班级中，总有一部分学生的自学能力很强，在预习课文时，已经会读了。教师就让他们在组内当小老师，让这些学生的能力得到充分发挥，教不会读的学生。这样一来，也会激发组内学习不主动的学生积极向这些"小老师"看齐，一举两得。）

5. 梳理提升

读准"ai、ei、ui"的四声并学习复韵母的标调方法。

（1）指导读准四声。（范读、齐读、男女生赛读、"开火车"读）

（2）观察："ai、ei、ui"的声调标在哪里？

（3）用一个小故事引入《标调歌》，朗读。

（评析：教师在学生展示后，再次进行四声读音的强化，方式灵活多样，之后的《标调歌》为今后的识字教学奠定了基础。）

活动三：我会写规范

活动任务：交流"怎样把'ai、ei、ui'写规范？"

活动流程：

1. 明确任务

教师逐一出示活动流程并讲解要求。

2. 自主学习

观察四线格里的"ai、ei、ui"，想想写的时候要注意什么。

3. 小组交流

在小组长的组织下交流写"ai、ei、ui"的时候要注意什么。

4. 展示分享

一个小组展示，并组织其他小组进行分享。

5. 梳理提升

（1）复韵母是由两个单韵母组成，两个字母在书写的时候要尽量靠近一些，形成一个整体。

（2）观察教师范写并临写。

6. 展示评价

展示优秀作业，引导评价。

（评析：语文课堂教学中，提倡一定要给学生们写字的时间。指导书写时，先观察，清楚书写时注意的地方再开始书写，做到书写规范。对作业进行评价非常关键，这是让学生们对自己的学习成果进行检测过程。）

（三）导结

同学们，今天我们不仅学会了读、写3个复韵母"ai、ei、ui"，还知道了怎样给它们标调。在以后的学习中，只要你们认真地学习拼音，老师相信你们的收获会越来越多。

板书设计：

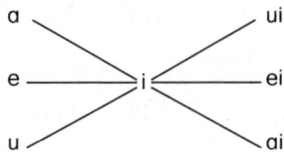

《ai、ei、ui》教学反思

这节课是学生们第一次接触复韵母。针对学生的年龄特点和前面课时所学内容，在教学开始时，我以学生们喜欢并熟悉的小动物——小白兔导入，激发学生学习的兴趣。之后再由小白兔带领请出"a、o、e、i、u、ü"这6个"老朋友"（单韵母），让学生说说它们的发音，发音时要注意什么，然后引出复韵母ai、ei、ui。在教学3个复韵母时，先请学生看图说图意，找出图画中读音差不多的字来引入，比如：由图中的"白发老奶奶、挨着坐、爱奶奶"引出"ai"音，随后让学生体会"a–ai"读音的不同，教师总结"ai"的发音方法，指名正音。接着再用各种方法让学生读，以加深巩固。随后，用相同的方法学习"ei"和"ui"。在这一教学环节中，让学生一边看图一边参照"ai"的发音方法，让学生找出发音规律，这样既提高了学生的学习积极性，又让学生掌握了复韵母的发音方法。

在第二个活动学习"ai、ei、ui"的四声时，我采取小组合作学习的方式，在组内互帮互学，再通过《标调歌》引导学生明白四声的标调规律。整个活动中，学生兴致高昂。特别是在合作学习的过程中，对不会读的学生虚心请教、多次跟读的劲头，我特意提出了表扬！之后的抽读环节，我把四声的顺序打乱进行，学生们也读得不错。在书写环节，我采用书空、跟写、描红的方式，使学生在写中巩固四声。

整堂课课堂气氛活跃，学生们积极发言、交流。但是，在小组合作互帮互学时，有部分学生思想开小差，参与活动不积极，我的关注度不够。学生们的学习常规有待加强，特别是倾听、发言等都要做训练。教学中朗读形式应多种多样，这样才有利于学生的学习和调动学生学习的积极性。

统编版一年级上册语文园地二《我和声母宝宝的聚会》教学设计及评析

教材分析

《我和声母宝宝的聚会》是统编版一年级上册语文园地二的《用拼音》中的一部分，主要由两个题目组成，一个是"按照声母顺序连一连，看看这是什么"；一个是给出了用手摆出的"c"，用毛线摆出的"s"和用小棒摆出的"x"这样三幅图，让学生快来试试看，还能摆出什么。

教学目标

（1）能按声母顺序辨析认读23个声母。

（2）通过趣味连线，复习巩固声母。

教学重难点

能按声母顺序辨析认读23个声母，复习巩固声母。

教学准备

字母卡片。

教学过程

（一）导入

导语：小朋友们已经和声母这个大家庭里的每一个成员都成为好朋友了，今天23个成员都到我们班来做客了，看！它们来了！

（评析：教师用具有童趣的语言导入新课，把要复习的23个声母当成班级中的客人，激发学生们学习的兴趣，使复习课不枯燥。）

（二）导学

1.复习声母，读记声母表

（1）大屏幕出示打乱顺序的声母：小朋友快来数一数，客人们都到齐了吗？自己认读。

（2）指名认读声母卡片，说说顺口溜，复习声母。

（3）给声母排队：这样站队太乱了，我们给它们有序的排排队。

教师把声母分成了七组，请学生来排队：

b p m f   d t n l

g k h   j q x

zh ch sh r   z c s

y w

（4）学习《声母表》：现在再看一看，队伍整齐多了，这就是《声母表》。学生按顺序读记23个声母。多种方式读声母表，记忆《声母表》。

（5）对比记忆几组易混淆的声母——"b-d、p-q、n-m、t-f"。

（评析：以复习的方式让学生们给声母宝宝排排队，增强学生们的主人翁意识，提升自信心，为按顺序记住声母奠定基础。同时，通过"对比记忆"强化易混淆声母的书写。）

2. 连连字母，猜猜它是谁

（1）创设情境，出示"动物园"：小朋友们表现得真棒！为了奖励大家，老师决定带大家到动物园玩一玩。

（2）出示连线图：是谁在欢迎我们的到来啊？只要你能按声母的顺序连一连，就能猜出它是谁了。

（3）学生动手连线，教师巡视检查。

（4）学生相互交流，一只活泼可爱的海豚出现在学生们面前。

（5）指导学生试着按顺序背诵《声母表》。

（评析：情境的创设为学生们连线打下了想象的基础，通过连线，学生们在"动物园"这个想象乐园中，很快建立起"动物"的概念，连线过程中就会向"动物形态"想，促使按顺序连线声母形成海豚的线条图。）

3. 谁的名字里有它

声母宝宝们很淘气，看！它藏在小朋友们的名字里了。

小游戏：教师拿一张声母卡片，"我是m，谁的名字里有我？""m、m、m，我的名字里有你。"师生互动，生生互动。

（评析：在自己的名字里找声母的游戏，目的是让学生们明白：我们学习的语文知识就在身边，与我们的生活息息相关。）

4. 我会做

声母宝宝不仅会藏在名字里，它们还会藏在小朋友的身边呢！看，它在这里呢！

教师用手势比画声母"c"，引导学生们用手，用身边的物品比一比、摆一摆。

（评析：学生们通过比一比、摆一摆的活动，增强对声母的认识。同时，让学生们在玩中学、玩中记，激发他们对学习拼音的兴趣。）

（三）导结

声母宝宝今天来我们班做客，和我们做了很多有趣的游戏，使我们明白了声母宝宝其实就在我们身边，我们一定会成为好朋友的！

板书设计：

声母表

b p m f	d t n l
g k h	j q x
zh ch sh r	z c s
y w	

《我和声母宝宝的聚会》教学反思

拼音学习对于学生来说是一个难点，但又是学习语文的一个重点。当学完所有的声母时，我利用"语文园地二"中的"用拼音"对声母进行复习巩固。但是，复习课常常会让学生感到疲劳、乏味，容易分散注意力。于是我采取了"旧课新上"的方法，帮助学生在复习声母的同时对拼音有些新的体验和感受。

在复习23个声母时，我把复习巩固与游戏相结合，结合"语文园地二"设计了给声母宝宝排排队、连一连、名字里的声母、用手比一比、用毛线摆一摆声母5个活动，力争使整堂课在活跃的气氛中度过，学生学得轻松，我也教得轻松。

低年级的教学，内容虽然简单，但是得特别注重教学内容的呈现形式。只有生动活泼有趣的形式才能吸引住低年级的学生，使他们对教学内容产生学习兴趣。其中教学语言也是知识呈现形式的重要组成部分。一年级学生的学习、接受能力有限，对抽象的概念还不会理解，对形象化的语言反应就比较积极灵敏。课堂上，我运用了他们能听懂、感兴趣的语言授课，使学习目标拟人化、个性化。

"授人以鱼，不如授人以渔"。教是为了不教。引导学生独立思考，培养他们自主发现知识点、解决问题比单纯的口耳相传更重要，也更有趣，更有挑战性。好奇心是最好的老师，为了找出问题的答案，学生会最大限度地调动起自身的积极性，以最大的热情投入到学习中去。这样，学生就不是知识的被动接受者，而是主动学习者。

整节课，学生学习兴趣比较浓厚，但是，学生们在高兴地活动之余，却忘记了课堂纪律，随着自己的性子自由发展起来。对于自己感兴趣的活动津津乐道，一发不可收拾！所以，课堂纪律、学习习惯都显得不尽如人意。在今后的教学中，我将加强这方面的训练。

拼音教学的有效方法需要我们不断探索，只要我们善于把字符变活，把学习的主动权交还给学生，相信我们的学生一定能在拼音王国里尽情驰骋！

2

第二章

识字写字教学

小学识字教学策略初探

　　《小学语文课程标准（2017年版）》（以下简称《新课标》）对于小学阶段"识字教学"的总目标是："认识3500个左右常用汉字。能正确工整地书写汉字，并有一定的速度。"而其中要求认识的1600～1800个左右的汉字，在一、二年级就得完成。针对刚入学的孩子来说，识记生字是学习的难点，要完成这么重的识字任务，我认为应从儿童的年龄特征和学习心理出发，采用多种方法激发学生识字的兴趣，提高课堂教学效率。

一、课前预习做好铺垫

　　学习新课之前，教师应指导学生养成良好的预习生字的习惯。教师可这样引导学生按照步骤有序预习生字：先读一遍课文，找到生字在文中的位置，圈画出生字，弄清楚字的读音；再认清字的模样（即字形），它和课文中的哪个字是邻居？还能与谁交朋友？然后读一读，读准字音，找准课文中生字组成的词语。这样，时间一长，学生自然而然就养成了良好的预习习惯。

二、多种方法激发兴趣

　　课堂上，教师本着"字不离词，词不离句"的原则，采取灵活多样的识字方法进行教学，调动学生识字的兴趣。

1.编故事，联想识字

　　教学中，教师要根据学生的年龄特征和构字特点，充分发挥学生的想象力，去揭示汉字的造字原理和音、形、义的关系，把一个个抽象的汉字演绎成一幅幅图画，或一段又一段精彩的小故事。

　　另外，除了教师讲解外，还要让学生自己观察，自己学着编故事。这样的方法，能激发学生的思维，提高他们识字的兴趣。比如，教学"呆"字时，有学生就说："一个人张着大嘴巴，像木头一样，原来是在发呆呢！"又如"休"字，学生说："一个人累了，正靠在一根木头上休息呢！"学生通过自己的理解编出的故事符合他们的认识水平，这就使他们的形象思维能力和创造力得到了发展。

2. 猜字谜，动手、动脑识字

为了激发学生识字的兴趣，教师还可以根据学生的认知特点和汉字的构字规律编一些儿歌、字谜。这样的教学既有趣味性，又有思考性，学生不仅感兴趣，而且识字效率也自然而然地提高了。

此外，在学生预习生字时，教师就可以提前让学生给生字编谜语。上课时，教师设立"编谜大奖"和"猜谜大奖"，让学生把编好的谜语说出来，让大家猜。最后，由大家评选，谁编的谜语最好就获得"编谜大奖"，谁猜中的字最多，谁就获得"猜谜大奖"。这样的活动避免了单调的识记汉字，学生在这样的活动中，开发了智力，增长了见识，提高了语言表述能力。编出、说出的字谜也就越来越精妙了。比如，国字玉出门，人才进了门，是"团"字；一天一天又一天，天天太阳都出来，是"晶"字；由到共里去插队，是"黄"字；省一半扔一半，是"抄"字；横架两根柴，直架两根柴，二字跳进去，八字跳出来，是"其"字；等等。

3. 做做动作，识记生字

根据儿童形象记忆占优势和他们活泼好动的天性，教师引导学生抓住汉字的特点，让学生在形象的动作中识记生字。这种集趣味性与形象性于一体的教学方法不但使学生理解了字义，而且很容易记住字形。比如，在教学"看"字时，我是这样引导学生的："请小朋友们观察一下这个字，谁能做一个动作来记住它？"只见一名学生上台，手搭凉棚，睁大眼睛向前看。我抓住时机问："小朋友，你为什么这样做呢？""我在学孙悟空呢！"我及时引导："你们看，这个小朋友多会动脑筋啊！'看'字上面就是我们的小手，手搭在眼前就是'看'。大家跟着这位小朋友一起做一做'看'的动作。"全班学生一起，手搭在眼前，做"看"的动作，教室里发出开心的笑声。学生在做动作的过程中，不仅记住了这个字的字形，也理解了字义。

三、巧用活动拓展巩固

在识字教学中，我们常常会遇到这样的情况：先教一些字词时，学生都能正确地认读和书写，而等到后面教学时，特别是和前面教过的生字有相近的情形时，学生读错、写错的现象就会不断出现，甚至会产生遗忘。针对这种情况，我利用每周一次的活动课，来使学生巩固所学过的字。由于活动课上有各种各样的游戏、竞赛，学生学习的积极性自然特别高。活动的方式有以下几种。

1. 摘果子

准备许多由彩色卡纸制成的各种水果卡片，把所学的生字贴在水果卡片的背面，再把"果子"按照字形结构分类贴在画好的"大果树"上，让学生摘字读音、扩词，或说一句话来巩固生字的学习。

2. 加一加，减一减游戏

给汉字加一笔，或减一笔，都会出现不同的字。通过这个有趣的智力游戏，可以增强学生分析生字、拆分生字的能力。

3. 新字展示

学生生活在一个多姿多彩的世界，汉字随处可见。买商品时，商品的名称、说明书上是汉字；上街时，路旁的广告、招牌也满是汉字；看电视时，屏幕上的字幕也是汉字……所有的一切都为学生营造了一个良好的识字环境。学生能在不断地看和不断地询问中，把一些新字收集起来，变为他们的朋友。在活动课上进行交流展示，不仅增加了学生的识字量，也提高了学生们识字的兴趣。

总之，识字教学要以"趣"为前提，让学生们开心识字，增强学生们识字的欲望、尝试的欲望，学会用自己喜欢的识字方法大胆地识字，识字教学也就容易了。

识字写字教学案例

人教版小学语文第一册识字（二）《菜园里》教学设计

教学分析

由于学生课余生活丰富多彩，他们往往能从学校、家庭生活、广播、电视、报刊中了解到很多生活知识。因此，本课中要认识的蔬菜对学生来讲并不陌生。如何调动学生对熟知事物的兴趣，激发他们持久而深入的学习热情，这就必须通过教师设计一个个丰富而趣味盎然的游戏，让学生在玩中学、做中学。因此，教学中可采取丰富有趣的游戏，创设开放而轻松的课堂学习氛围，引导学生乐学、想学、会学。

教学理念

学生是学习和发展的主体，教师是学习活动的组织者和引导者。语文教学应激发学生的学习兴趣，尊重学生的个体差异。注重培养学生自主学习的意识和习惯，为学生创设良好的自主学习情境。

教学目标

1. 知识目标

认识7个生字，会写"卜、心"2个字；认识一个笔画"竖弯钩"，扩展学习本课以外的有关汉字，扩大知识面。

2. 能力目标

认识一些蔬菜，培养学生的识字能力。

3. 情感目标

让学生喜欢学习汉字，有主动识字的愿望。

教学重难点

重点：认识表示蔬菜名称的汉字，指导写字。

难点：读准"菜、卜、心、茄"的音，指导学生书写"心"。

教学准备

1. 教师准备

生字、词卡片、九种蔬菜图及放大的插图。

2. 学生准备

带一些自己认识的蔬菜图片、生字卡片和词卡。

教学过程

第一课时

（一）激趣导入

（1）导语：昨天小朋友们收集了一些蔬菜的图片，通过收集图片你都认识了哪些蔬菜的名称？请小朋友们大胆地站起来给大家介绍介绍。

（2）小朋友们认识了这么多的蔬菜，请开动小脑筋想一想：这些蔬菜都长在什么地方？那么，这两个字你们认识吗？（课件出示："菜园"二字）（指名说）你是怎么认识"菜"这个字的？能想个什么好办法记住这两个字的样子吗？这两个字和在一起组成一个词语，今天，我们就一起来上第3课《菜园里》。教师板书课题，并请学生齐读课题。

（二）创设情境，尝试自学

1. 带入虚拟情境，诱导自我发现

教师做出一副神秘的样子，说："小朋友们，告诉你们一个秘密：有一天，我在一家农舍看到了一个菜园，那里长满了各种各样的蔬菜，你们想不想去看一看？（课件展示课本插图）这就是我看到的菜园，你们也来仔细看一看，都认识里面的哪些蔬菜呢？"（指名学生说）"老师把小朋友们在图片上看到的蔬菜放大了，请小朋友们和老师一起来欣赏。"教师课件展示图片，学生齐声说蔬菜名称。

2. 激发学生热情，了解学生已知

"这些五颜六色、光泽诱人的蔬菜想和你们交朋友，你们愿意吗？它们的名字就在图下。这节课，我们就是来认识它们的名字的。请小朋友们翻到课本第94页自己读一读，要求读准字音。"

3. 根据学生未知，引导自主学习

还有些不认识的字怎么办呢？可以请教一下你周围的同学，看谁能又准又快地记住它们。

（三）游戏引趣，巩固感知

1. 找朋友游戏

（1）情境导语："现在，老师要邀请小朋友们和我一起来玩一个游戏，大家愿意吗？游戏前，先听要求：老师出示蔬菜卡片，小朋友们在自己的词语卡片中找出蔬菜的名称，把卡片高高举起来，比一比，谁找得又对又快，谁就来当小老师教大家读。"

（2）教师高举蔬菜图片，学生找出词卡举起来，多种形式读词卡，再把蔬菜的图片和词卡贴在黑板上。

2. 补词游戏

创设情境：老师假装请小朋友帮助，做出为难的样子："哎呀，遇到麻烦啦，不知是谁把我菜篮标签上的字碰掉了3个，谁帮我补上去呢？"出示萝（　）、豆（　）、卷（　）菜，请学生在生字卡片中找出生字并举起来。教师随机出示课件。

（四）情境激趣，读准字音

看到你们会补词，小白兔也想来帮忙（出示小白兔的面具）。可它不认识这些离开了词的生字，你们谁能帮帮它？（出示带有拼音的生字，点学生读）

（五）动手动脑，拼词拼字

导语：在你们的帮助下，小白兔认识了这7个字，真高兴！可它却不知如何把下面这6个生字（出示卜、萝、园、菜、角、豆）摆成3个词语，小朋友们能

不能帮帮它？（学生拿出字卡，自己摆词）

（六）课间律动——拔萝卜

导语：你们坐了半天，辛苦了！小白兔为了感谢你们对它的帮助，想送萝卜给你们吃。请大家轻轻地站起来，边唱边帮小白兔拔拔萝卜吧（边唱边做动作）：拔萝卜，拔萝卜……

（七）动中渐静，指导写字

（1）拔完了萝卜，小白兔觉得你们帮助了它，它也想帮助你们，怎么帮助呢？它想教小朋友们写两个字，你们愿意吗？（出示"卜"和"心"，点学生读）

（2）观察"卜"和"心"，小朋友们看看用什么方法记住这两个字。然后跟同桌交流。

（3）教师板书写新笔画"竖弯钩"，叫学生先仔细观察这个笔画像什么，猜一猜它的笔画名称，教师再在田字格中范写"卜"和"心"。（讲清"心"字中三点不同的位置及用法）

（4）学生在书上描一描，写一写。教师巡视，随时纠正学生的写字姿势和握笔姿势。（播放舒缓、轻柔的乐曲）

（5）写完后同伴互评订正。

（八）走向生活，扩展认字

（1）教师小结：课前小朋友们通过多种方法认识了许多蔬菜，你们的学习方法真好，如果能坚持下去，将来一定比老师认的字还要多，老师把你们认的字组了一些词语，看谁会读。（出示"青菜、土豆、公园、小心、花园、黄豆、菜地、校园"，点学生读）

（2）除了今天我们学的这些蔬菜以外，你还知道哪些蔬菜？把你收集到的图片上认识的蔬菜名称告诉你的小伙伴。

小朋友们真能干，如果我们把这样的学习方法坚持下去，一定能学到许多知识。

板书设计：

菜园里

qié zi
茄 子

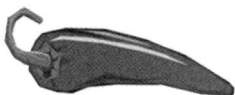

là jiāo
辣 椒

huáng guā
黄 瓜

dòu jiǎo
豆 角

luó bo
萝 卜

nán guā
南 瓜

bái cài
白 菜

juǎn xīn cài
卷 心 菜

xī hóng shì
西 红 柿

《菜园里》教学实录与评析

　　《菜园里》是义务教育课程标准实验教材人教版语文一年级上册的一篇归类识字课课文，主要由加注拼音的9种蔬菜名称和一首儿歌、一幅插图组成，图文并茂，语言生动形象，富有情趣。学生通过看图，联系生活实际，在情境中识字，既认识了一些蔬菜及名称，又培养了学生初步的识字能力。下面是甘清梅老师执教《菜园里》（第一课时）的实录及评析。

一、激趣导入

师：小朋友们在平时的生活中都认识了哪些蔬菜的名称？请给大家介绍介绍。

生：西红柿、白菜、苦瓜、黄瓜、青菜……

师：那么，这两个字你们认识吗？（出示"菜园"两字）你是怎么认识的？

生1：我和妈妈去超市买菜时，在商标上认识的。

生2：我在看课外书的时候认识的。

生3：是妈妈告诉我的。

师：能想个什么好办法记住这两个字的字形吗？

生1：我看见白菜就想起"菜"字。

生2：我吃青菜的时候，就想起"菜"字。

生3：我记住了"菜"字上面是"草"字头，下面是"采"字。

生4：我到龙江公园玩，就记住了"园"字。

生5：我到外婆家的菜园里玩，就想起了"园"字。

师：这两个字合在一起组成一个词语——"菜园"。今天，我们就一起来学习第3课《菜园里》。

（评析：教师从学生的生活经验入手，引导他们回忆平时生活中认识的蔬菜，使学生感到学习的内容与现实生活息息相关，激发了学生学习本课的兴趣。紧接着学习课题字，让已认识"菜"字和"园"字的学生说说自己认字、识字的过程和方法。师生之间亲切交流，共同营造学习汉字的良好氛围。）

二、创设情境，尝试自学

师：（展示课本插图）这是一个美丽的菜园，我们来仔细看一看，大家都认识里面的哪些蔬菜呢？

生：茄子、萝卜、卷心菜、辣椒、黄瓜、南瓜、豆角、西红柿、白菜。

师：这些五颜六色的蔬菜想和你们交朋友，它们的名字就在图下。请小朋友们翻到课本第94页各自读一读，然后说一说你们认识里面的哪些字？是怎么认识的？

生1：我认识"白菜"的"白"字，我是在我的彩色笔的商标上认识的。

生2：我认识"西红柿"的"西"字，我是在课外书上看到"东西"这个词语时认识的。

生3：我认识"萝卜"的"萝"字，因为我特别喜欢吃"菠萝"，所以我记住了"萝"字。

生4：我还认识"南"字，是在我家的指南针上见到过这个字。

师：还有些不认识的字怎么办呢？可以请教一下你周围的同学，看谁能又准又快地记住它们。

生5：通过刚才和小伙伴一起学习，我又认识了"卷心菜"这个词。

生6：我刚才请教了同桌的小伙伴，认识了"辣椒"这个词。

生7：我请我的好朋友教我认识了"茄子"这个词。

（评析：在这一教学环节中，教师借助情境图，指导学生观察、说话，体现了本课"看图识字"的特点。在"菜园"这个特定语境中，通过学生与汉字"交朋友"的游戏，让学生充分自读，充分感知，并引导他们同桌互学，请教周围同学，在互帮互学中交流学习方法，增强自信心，也从其他同学那里认识了更多汉字。）

三、游戏引趣，巩固感知

师：现在，请同学们和老师一起来认识这个菜园里的所有蔬菜。（抽学生依次出示菜园里面的9种蔬菜图片，再把写有蔬菜名称的卡片悄悄发到学生手中）

生：我的朋友在哪里？

生：你的朋友在这里！

生：我们是"茄子"，跟着我们读。

生：茄子。

（用这样的方法读完其余8种蔬菜名称，再请学生帮教师把以上蔬菜的名片贴在它们的图下）

师：现在，老师遇到了一点儿小麻烦，不知是谁把我菜篮标签上的字碰掉了3个，谁能帮我补一补？〔出示萝（　　）、豆（　　）、卷（　　）菜〕

生1：老师，我能补"卷心菜"的"心"字，我还会用"心"字组词："爱心""心情"。（学生举起生字卡片中的"心"字展示给其他学生看）

生2：老师，我知道"萝卜"的"卜"（bo）字还有一个读音：bǔ。

师：你真了不起！你能告诉大家你是怎样知道这个读音的吗？

生2：因为我的妈妈就姓"卜"。

师：你真是学习的有心人。

生3：我能补"豆角"的"角"字。这个角字还是"一角钱"的"角"。

（评析："找朋友"和"补标签"的游戏，把单调的识字过程变得生动有趣，学生学得轻松愉快，既巩固了刚认识的生字，也学到了识字的方法。在游戏中，强化了要求会写的3个生字：心、角、卜。对于学生说出"卜"字的另一个读音bǔ，教师给予了积极的评价。）

四、情境激趣，读准字音

师：离开了词的生字，你们能读吗？（出示带有拼音的生字，点名学生读）

生1：菜、园、豆、角、萝、卜、心。

师：（去掉以上汉字的拼音，再让学生读）你怎样记住它们？

生2："心"字是三点加竖弯钩组成的。

生3：我看着"心"字就像是锅里炒着3颗豆。

生4：我觉得"心"字像3只小鸟在盆边喝水。

生5：我看着"心"字就像3头小猪在盛食物的槽边吃食。

师：小朋友们的想象力真丰富。

（评析：教师适时提高教学要求，让学生先读离开了词语的生字，再读去掉了注音的生字，较好地体现了教师的主导作用。"心"是本课要求会写的字，学生展示了形象识记的不同方法，对此，教师给予了应有的重视与肯定。）

五、指导写字

师：观察"卜"和"心"在田字格中的位置，然后跟同桌说说该怎么写。

生1：萝卜的"卜"字，一竖要写在田字格的竖中线上，一点要写在横中线的右边。

生2："心"字竖弯钩写在横中线的下面，左边一点写在左下格，中间一点写在竖中线与横中线的交点上，右边一点写在右上格。

师：你观察得真仔细！要写好这个字，"乚"是关键。请小朋友先仔细观察这个笔画像什么？

生3：像我的小手窝起来。

生4：像一只小虫弯着身子晒太阳。（教师在田字格中范写"心"。讲清"心"字中三点不同的位置及写法，学生在书上描一描，写一写。教师巡视，随时纠正学生的写字姿势和握笔姿势。）

（评析：指导学生书写汉字应做到有目的、有顺序、有方法。在本环节教学中，教师特别注意指导学生观察生字在田字格中的位置，观察重点笔画的书写位置和书写方法，培养了学生正确书写汉字的好习惯。）

六、总评

本节课的教学具有以下突出特点：

（1）教师以伙伴的身份参与到学生的学习活动中，充分尊重学生，积极鼓励学生，营造了融洽的学习氛围，使学习充满了乐趣。

（2）教师把单调的认、记汉字的过程设计成与蔬菜交朋友，通过帮教师补标签、找朋友等有趣的形式，让学生多种感官同时参与识字活动，边玩边学。教师有意识地在游戏中教，学生愉快地在游戏中学，让学生真正享受到识字的乐趣。

（3）教师的教学设计体现了对学生识字经验的充分唤起与尊重。"你是怎么认识（记住）这个字的？"这是一个简单的问题，答案却非常丰富，它唤起了学生识字的经验，展示了学生独特的生活经历与个性。在师生之间与生生之间的对话交流过程中，学生学到了初步的识字方法。

（4）教师注意把语文学习与学生生活联系起来，使学生体会到语文学习资源和实践机会无处不在。

（此文发表于《云南教育》）

《菜园里》教学反思

教师整节课都是学习活动的组织者和引导者，以游戏、活动的方式，激发学生学习生字的兴趣。对于城市里的孩子来说，菜园是一个新鲜的地方，所以，教师一开始以蔬菜的图片引入，进入"菜园"生字的学习，由熟悉的事物导入，降低了学生学习的难度，使他们易于接受。之后，教师创设虚拟情境，带着学生们通过菜园图片，到菜园里认识蔬菜名称。这是结合图片认识生字，即使学生们暂时不认识这个生字，也能通过图片猜到字的读音。教师又引导学生们进行与蔬菜交朋友的游戏，进一步巩固生字读音。通过找朋友游戏、补词游戏再次强化生字。遵循了识字的规律：借助拼音（熟字、图片）认一认—丢弃拼音（熟字、图片）认一认—换个地方认一认。最后通过小白兔引出要求会写的生字"卜""心"，指导学生书写。整节课，学生学习兴趣盎然，在游戏中不知不觉就学会了生字。学生们的学习兴趣一旦被激发出来，他们的学习能力也是不可估量的！

但是，在学习活动过程中，教师对边缘学生的关注还是不到位；在学生书写生字的过程中，教师对于学生的写字姿势、握笔姿势的提醒不够。对于一年级的学生，良好的学习习惯的养成是至关重要的。

人教版小学语文一年级上册《小小竹排画中游》教学设计及评析

教材分析

《小小竹排画中游》是人教版小学语文一年级上册第二单元的第3课。本文讲了一个小男孩在景色秀丽的江南水乡，撑着小竹排顺流而下，他观赏着两岸美丽的风光，被这风光深深吸引而感觉自己就像在画中游。课文贯穿着一条明显的情感线索，易激起学生身临其境之感。小竹排顺流而下，"鸟儿唱，鱼儿游"，表达了作者欢快的心情。课文对两岸树木、禾苗的描述，饱含着赞美的感情。全诗形象生动，语言优美，节奏感强，适宜学生诵读。

教学目标

（1）初步认识12个生字，认识"木、艹、纟"3个偏旁。

（2）正确、流利地朗读课文，能根据自己的独特感受朗读课文。

（3）了解课文内容，体会江南的美丽与富饶，从而萌发爱家乡的思想感情。

教学重难点

重点：认识生字，会正确、流利地朗读。

难点：对"鱼米乡""画中游"的理解。

教学准备

贴画。

教学过程

（一）激趣导入

（1）今天，老师给小朋友带来了一位学习伙伴（出示竹排图），你认识它吗？（师板书：排）齐读。你觉得这个排字和老师手上的竹排图有什么关系？是的，把竹子一根一根地排在一起，然后用绳子绑起来，就成了竹排。

（评析：教师将手中的竹排图与"排"字比较，让学生比较图与字的共同之处，掌握"排"的字形与字义。这种形象的识字方法，有利于激发学生的识字兴趣，方面他们更好掌握生字。）

（2）你坐过竹排吗？你对竹排有哪些了解？（教师介绍竹排：竹排是水上的一种交通工具，以前，在江南一带，农民伯伯常用竹排来运输粮食、货物，现在，竹排主要用在水上娱乐）

（评析：竹排离学生生活较远，他们不清楚竹排是怎么样的。教师的介绍让学生对竹排有了感性认识，为后面的教学做好了铺垫。）

（3）今天，小竹排就从河里流啊流，流到了我们这儿。它在河里流的时候啊，看到了许多美丽的景色，就提笔写了一首诗歌，想知道它写了一首什么诗歌吗？

（4）出示课题。让我们一起读一读吧！学习"中、游"。

（评析：导入部分教师采用了随文识字的方法，利于学生对生字的掌握。）

（二）初读课文，初步感知

（1）这是一首怎样的诗歌呢？请小朋友翻开语文课本，让我们一起来读一读。读的过程中，如果遇到不会读的字，应该怎么办呢？

（2）下面请小朋友们自由读，要求把课文读通顺，等听到老师击掌的时候，你们就停下来。

（3）学生自由读课文。

（4）指名读（课件出示课文）。

（评析：《新课标》提倡，教学中要充分利用教学资源。课文插图正是最佳的教学资源，为此，第一次自由读时，我安排学生看着课本读，目的在于引导学生利用插图帮助自己理解课文。之后的看课件PPT指名读，却是为了使学生集中注意力，为更好地完成后面的教学奠定基础。）

（三）图中感悟，随文识字

（1）小朋友，读完诗歌，你都知道了什么？小竹排觉得这首诗中描写的景物真美，它说，要是能把它画成一幅画那多好啊，可惜它没有学过画画。它听说，咱们班的小朋友都是画画高手，想请我们帮它画一画，你愿意帮它吗？

（2）在帮忙之前，小竹排要请小朋友再读读诗歌。想一想，这幅画上我们该画些什么呢？请小朋友和同桌商量商量。

（评析：让学生在帮忙画画的过程中，自主学习课文内容，尊重学生学习方法的选择。）

预设：

（1）学习"小竹排，顺水流"。

现在，我们要开始画画了，想一想，我们应该先画什么呢？（竹排）竹排在哪儿呢？（在小河里）那我们应该先画上什么？（小河）现在我们该画竹排了，竹排是怎么流的呢？学习"流"字，看"流"字，你发现了什么？

（评析：引导学生观察流的右下部就像小河流水，采用字形、字义帮助学生更好地识字。）

我这儿有个小竹排，你能帮我贴上去吗？

（评析：请学生贴图，是为了检测学生对"顺水流"的理解是否到位。《新课标》指出，要尊重学生的独特体验。让学生贴图，尊重学生主体地位，不以教师的讲授代替学生探究的过程，学生学得轻松，学得有趣。）

引导学生看着图，把这句话说一说。

（2）学习"鸟儿唱，鱼儿游"。

小竹排画好了，接着我们该画什么呢？（小鸟）是怎样的小鸟呢？（唱着歌的小鸟）教学"唱"，齐读，看"唱"，你发现了什么？"口"字旁的字还有哪些？

小鸟为什么唱歌呢？（因为它很开心）为什么这么开心呢？（因为这儿的景色很美）这么美的景色，吸引了小鸟，还吸引了哪些小动物呢？（小鱼）

小鱼多吗？（多）鱼很多的地方，我们把它叫作"鱼乡"。那么多的鱼，一下子是画不出来的，我们用一两条来表示可以吗？

小鱼在河里干什么？（跳、游）它们为什么跳呢？（它们很高兴）

你能把它高兴的心情读出来吗？指名读。

（3）学习"两岸树木密"。

画好了鱼儿、鸟儿，接着我们该画什么了？（树）（师板书：树）你发现了什么？树在哪儿？（两岸）两岸是哪儿呢？你能上来指一指吗？（生指）

是的，河的两边就叫两岸。齐读"两岸"。看这两个字，你有什么发现？

（师板画一棵树）你觉得我这样画行吗？为什么？

（评析：如何理解树木密呢？单纯地告诉学生树木密的意思，也许可节约许多时间，但学生没有主动参与的过程，被动地接受往往没有主动地探索来的印象深刻。师只画一棵树，是让学生感受到，树木太稀了，与文中树木密存在很大差异，应多画一些树，才能体现树木密。这种以故意出错引导学生纠错的方法，能有效促进学生对词句的理解。）

这儿的树多密呀！你能读出它的密吗？自由读。

（4）学习"禾苗绿油油"。

岸边除了树木，还有什么呢？（禾苗）禾苗是怎样的？（绿油油）贴图。好多的禾苗呀！看到这么绿的禾苗，相信农民伯伯一定高兴极了。

齐读"禾苗绿油油"。

（5）看图，再现课文前面所学的诗句。

通过我们的共同努力，小竹排看到的美丽景色被我们画出来了。现在，让我们看着图，一起读一读这几句诗歌。

（6）学习"江南鱼米乡"。

看着这么绿油油的禾苗，老师想到了很多。你有没有想到什么呢？你想知道我在想些什么吗？我在想啊，这些绿油油的禾苗，长大后该有多少稻谷呀！那加工后碾出来的米肯定也会有很多很多。像这种米很多的地方，我们叫它"米乡"。（板书：米乡）

而像这种鱼又多，米又多的地方就叫"鱼米乡"。（师板书：鱼米乡）

（评析："鱼米乡"的教学，结合鱼乡、米乡进行理解，让学生对"鱼米乡"有了深刻的理解。对江南也有了更多的认识，激发了学生爱江南、爱家乡的情感。）

鱼米乡在哪里？（江南）读"江南"。指名读，读准后鼻音。

全班齐读这一句。

（7）学习"小小竹排画中游"。

江南真是太美了！我都很想来说一说，可以给我个机会让我说一说吗？

教师读课文，故意读错"小小竹排水中游"。（生指出应为"画中"）

将"画中"加横。那我可就不明白了，小竹排明明是在水中游，为什么说它是"画中游"呢？

读"小小竹排画中游"。

（8）读整首诗。

江南这个地方太美了！让我们一起再来欣赏一下它的美吧！齐读。

抽读——擂台赛（男生、女生赛读，组与组间赛读）

（9）背诗。

这首诗歌，你会背了吗？让我们一起试着背一背吧！

（四）出示生字，巩固练习

（1）小朋友真能干，课文都会背了。如果我把生字宝宝从课文里拿出来，你会读吗？

（2）出示生字，读生字。

（3）如果把生字宝宝再换个地方，你们还认识他们吗？

（4）课件出示"我会读"的词语，"开火车"读一读。

（5）还有3个生字要求会写，请看第一个。教师引导学生读音调，教师示范写生字。

（6）生写字练习。

板书设计：

小小竹排画中游

（黑板上画简笔画，随画贴图）

鸟儿（贴图、字）

鱼儿（贴图、字）

树木（贴图、字）

禾苗（贴图、字）

竹排（贴图、字）

水流（画简笔画、字）

《小小竹排画中游》教学反思

《小小竹排画中游》一课，是一首简短的诗歌。诗中蕴涵的内容很丰富，但有些词句对于一年级的学生来说是比较难理解的。所以，在上课时，我采用的是随文识字，引导学生们通过跟随小男孩游览江南美景，然后把美景画下来的方式来学习课文。教学后，我觉得以下几点还是比较可取的。

一、课件图片辅助，突破教学难点

在课堂教学中，我向学生介绍江南时，给学生欣赏了江南的风光图，引导学生发现江南的特点——小桥流水、水多、桥多，进而引导学生们联想到江南物产丰富，所以被称为"鱼米之乡"。在学习生字的过程中，我又适当地用了一些图片，让学生在学习生字时联系图片识字，增加了学生们识字的方法。学习课文的内容时，我出示课本上小男孩的图片，引导学生们和小男孩一起描绘江南的美景，在描画的过程中，不知不觉地就把课文内容理解了。

二、关注后进生，鼓励增自信

这节课是一节公开课，面对众多听课教师，学生们有些怯场，特别是平时学习能力较弱的学生。为了增强这些学生的自信心，我反其道而行之，在课堂上尽量挑这些学习能力弱的学生发言。由于他们在心里给自己的定位就是"我不行"，为了改变他们这样的心态，只要他们说对了，我就会大力表扬他们，鼓励他们大胆举手。其中有一名学生，他平时的识字能力比较弱，但是在我的鼓励下，他整堂课都能积极参与，相信他肯定收获不少。而另一名学生"n""l"不分，但我还是请她来读课文，因为她信心十足地举着手，这样可以给她表现的机会。所以，课堂上多给学生一些表扬与鼓励，可以使他们学习的信心更足。

本节课也存在着许多的不足：

（1）学习纪律上还应该加强训练。整节课中，有一小部分学生还是不会听课。尽管后面有许多教师在听课，但他们还是自由散漫，随意走动，不守规矩。

（2）教学中，我只关注了学习差的学生，但是对中等学生的关注似乎少了些，导致后半节课学生的积极性不是很高。所以，在以后的教学中，我要学会调动每一名学生的积极性。

（3）识字环节的趣味性有待进一步加强。整节课，我采用的都是随文识字，对于低年级的学生来说，还应该有一个集中归纳的环节，使学生对本文的生字有一个全面的、再认识的过程。如果在课程中再安排一个识字游戏，相信学生们会学得更加投入！

（4）语言不够简练。也许是因为是一年级的学生，在课堂教学中，我的语言稍显啰唆重复，这在今后的教学中有待进一步改进。

统编版一年级上册《四季》教学设计及评析

（云南省"国培计划"项目小学语文甘清梅名师工作坊坊主示范课）

教材分析

这是一首富有童趣的诗歌。通过对春天的草芽、夏天的荷叶、秋天的谷穗和冬天的雪人这几种代表性事物的描述，表现四季的特征。这首诗语言优美流畅，朗朗上口，能唤起学生对生活的感受。同时，四幅插图色彩明丽，形象生动，便于学生观察和想象。

教学目标

（1）认识10个生字，会写3个字。学会横折、横折钩两种笔画，认识"讠、虫、夂"3个偏旁。

（2）正确朗读课文，背诵课文。

（3）了解课文内容，知道一年有四季及四季的特征，感受各个季节的美丽，产生对大自然的喜爱之情，并仿照课文说一说。

教学重难点

识字、写字和练习朗读，仿照说话。

教学准备

（1）课件、生字卡片、磁带。

（2）引导学生课前收集四季的图片，了解每个季节的特征。

教学过程

第一课时

1. 看图导入

今天，老师带来了几幅美丽的图画，你们想看吗？让我们来看大屏幕。（以动画的形式展现课文中四季的美景图）看了图，你想对大家说什么？四季的景色可真美！今天，我们就来学习一首描写四季的诗歌。（板书课题）

（评析：课文导入采用动画的形式，有利于激发学生的学习兴趣。通过动画使学生对四季有了初步的感受。）

2. 配乐诗朗诵

每个季节都有各自的特点，让我们一起走进美丽的四季，去欣赏四季的美

37

丽景色吧！（配乐，学生边欣赏四季的图片边听教师范读课文）

（评析：教师的范读在低年级的语文教学中尤其重要！学生们的语感还没有形成，而且模仿能力很强，教师的一颦一笑都会给学生们留下深刻的印象。教师激情的朗读是引导学生们进入语文情感世界的捷径。）

3. 读中识生字

（1）用自己喜欢的方式朗读课文，想办法把字音读准，边读边圈画出课文中的生字。（可以大声读，小声读，前后桌读，同桌读，组内读）

（2）出示课后要求学生会认的生字。课后有10个生字要求小朋友们认识，我不知道小朋友们是希望老师一个一个地教大家认识，还是你们自己把它们学会？老师尊重大家的选择。不过，老师想问一问：你们准备怎样来自己学会这些生字？你准备请谁帮忙？（老师、同学、汉语拼音、猜一猜）

（3）出示课后带拼音的10个生字，请学生上来当小老师教大家读。

（4）出示"说、蛙、夏"3个带拼音的生字。（将这3个字的偏旁涂成红色）这些偏旁你认识吗？你是在哪里认识这些偏旁的？这些偏旁和我们以前学过的生字的偏旁有什么不同？

（5）看着课后的生字表，同桌交流识字方法。（先说怎样记住这些字，再互相检测）

（6）请你来当小老师，你想提醒大家在识字的时候注意什么？

（7）出示不带拼音的生字，"开火车"认读。

（评析：生字的学习方法是低年级教学的重点，也是难点。这一节课中，教师让学生自己选择，发挥了学生的主动性，激发了学生学习的欲望，再通过学生间互帮互学，使生字的学习从被动变为主动。）

4. 从读中感受美

（1）如果将这些生字送回课文中，你还认识它们吗？请你试着读一读。（自由练读课文）

（2）以4人为小组，选读自己喜欢的一个小节，说说自己读了这一小节知道了什么，还有什么不明白。也可以通过自己的朗读，让同学们感受这个季节的美丽。

（3）全班交流。（根据学生的实际情况，选择相应的小节进行讨论、交流）

第一小节：当学生说出"我知道草芽的形状是尖尖的，小草一发芽，说明春天来到了"，教师出示挂图，让学生寻找"草芽"。

思考：春天到了，大地还有哪些变化？

朗读指导。（要求把"尖尖的"读得轻声轻气）

第二小节：让喜爱这一节的学生谈自己的理解。

说说夏天里的趣事。

请学生读后说说为什么这么读。（"圆圆"声音上扬）

第三小节：学生交流理解后，看图模仿弯弯的谷穗鞠一个躬。问：谷穗为什么会弯弯的？它还像什么？

①说说你在哪里找到了秋天。

②让学生通过朗读，感受秋天的美丽。（"弯弯"声音拉长）

第四小节：让学生学雪人挺肚子的动作，感受雪人的顽皮与可爱。

①说说冬天里的趣事。

②请学生朗读，说说"一挺"为什么要重读。

（4）以4人为小组，进行朗读表演。

5. 写字练习

（1）出示"天、四、是"3个字，认读。

（2）教师示范横折、横折钩的写法。看一看，在刚才要求写的3个字中，哪个字有今天要学习的新笔画？

（3）观察每个字在田字格中的位置，问：这两个字怎样写好看？（引导学生学会观察，学会思考，学会实践）

（4）练写。在你喜欢的地方书空，每个字描两遍，注意笔顺规则。（教师巡视指导）

（评析：我们强调，每一节语文课都要有学生写字的时间，写得一手好字，可让人受益终生。尤其对一年级的学生来说，学习写字实际上也是一种行为规范的养成过程。在写字过程中，教师要强调写字的姿势：胸离桌子一拳远，眼离书本一尺远，手离笔尖一寸远。）

第二课时

1. 复习导入

（1）抽读生字卡片，认读生字。

（2）听写生字"天""四""是"。

（3）朗读接力赛。

2. 指导背诵

（1）过渡：那么美的四季，你能把它背下来吗？

（2）出示4幅图，学生借助图画练习背诵。

（3）个别背诵。

（4）全班背诵。

3. 仿说练习

（1）四季多美呀！一年四季各有各的特点，每个季节都是与众不同的！你想去瞧一瞧吗？

（2）课件演示，让学生再次欣赏四季的不同特点及独特之美。（要求：边看边想，你喜欢哪个季节？你能说说它的美吗？）

（3）课文用4个小节，短短的几行就把四季的景色描绘得那么生动。小朋友也很了不起的，让我们也来学学课文的样子，来描绘一下这些美丽的图画，好吗？

（4）边听音乐边把自己喜欢的季节画出来，然后讲给4人小组的同伴听。

（5）4人小组模仿课文尝试仿说，进一步感受四季之美。

（　　　　　　），他（　　　　　）说："我是（　　　　　　）天。"

（6）新作交流，如：

小雨滴答，他对大地说："我是春天。"

烈日炎炎，他对青蛙说："我是夏天。"

黄叶飘飘，他对大树说："我是秋天。"

蜡梅朵朵，他对冰雪说："我是冬天。"

（7）评选最佳创作小组。

板书设计:

四 季

春天——草芽
夏天——荷叶
秋天——谷穗
冬天——雪人

《四季》教学反思

教学本课,首先通过有趣的游戏、美丽的图片激起学生对大自然的热爱之情,为他们养成良好的观察和探究习惯建立起情感基础。接着,通过有新朋友参与共同学习的情境创设,激起学生的好奇心,使他们对课文内容的探究充满向往。利用游戏和表演等各种形式,在平等、和谐的氛围中使学生主动、积极地参与语文实践。

在本课中尽可能地让学生自悟自读,通过视频的范读,给学生美的感受。充分利用学生的生活体验,加深他们对诗歌意境的理解和对本文的喜爱之情。

通过仿说练习,进一步加深学生对文义的理解,并引导学生把课文的语言内化成自己的语言。运用获取的知识,向课外延伸;向生活延伸,激发学生的想象力,培养学生的创新能力,提高他们的口头表达能力。

我对课文的生字采取不孤立地识字的方法。通过不断地复现和运用,有层次、有梯度地把识字放在一定的语言环境中,与认识事物和发展语言结合起来。

统编版一年级上册《雪地里的小画家》教学设计及评析

（云南省"国培计划"项目小学语文甘清梅名师工作坊坊主示范课）

教材分析

这是一篇韵文，讲的是一群"小画家"在雪地里"画画"的故事。课文形象地讲述了4种动物的爪（蹄）的形状和蛙冬眠的特点，课文语言简练，内容浅显易懂，充满童趣。

教学目标

（1）认读10个生字，学写5个生字。

（2）正确、流利地朗读课文，背诵课文。

（3）初步感知课文内容，培养学生热爱大自然的情感。

教学重难点

重点：认读生字和朗读课文。

难点：识记生字。

教学准备

教学课件、各种图片。

教学过程

第一课时

（一）猜谜导入，创设情境，激发兴趣

（1）课件出示谜语：小小白花天上栽，一夜北风花盛开。千变万化六个

瓣，飘呀飘呀落下来。（学生猜）

你们喜欢雪吗？教师用小雪花的语气说话：我是小雪花。小朋友们好！秋去冬来，我又回到你们的身边了，你们高兴吗？你们愿意和我一起到雪地里去玩吗？快看，我们到了！（出示情境图）

（2）谁能说说你眼前的世界是什么样的？（学生看图描述）

（教师用小雪花在图中飞舞演示）小雪花飘呀飘呀，飘在房子上，房子白了；飘在树枝上，树枝白了；飘在大地上，大地像铺上了白色的地毯。在这白茫茫的世界里，走来了几只小动物，大家快看是谁来了？（教师在情境图上贴上小鸡、小狗、小鸭和小马的图片。）

（3）猜猜它们来干什么？（板书课题）学生齐读课题。

（评析：教师以学生们喜欢的猜谜语游戏方式导入新课，激发学生学习的积极性，再以"小雪花"的身份引导学生们一起进入课文学习，符合低年级学生的年龄特征。一年级学生的学习兴趣还不够稳定，认识兴趣以一定的情境性为特征，所以，教师创设了小雪花带领小动物进入学习的情境，使学生们乐学、好学。）

（二）互助学习、自主识字

（1）同学们，《雪地里的小画家》是一首非常有趣的儿童诗，你们是希望老师一句一句地教你们读呢，还是自己把它读会？

（2）老师非常欣赏你们的选择，你们自己试着读读看。

（3）在读的过程中，同学们一定碰到了生字宝宝，请你在课文中，把生字宝宝用"＿＿"画出来。

（4）大家都有自己的生字宝宝，怎么办呢？（学生自由发言）

（5）借助拼音来识字是一个好办法，你还有其他办法吗？

（6）教师要强调：当自己确实没有办法时，可以及时请教别人。但老师不喜欢遇到问题时自己一点儿也不努力，马上就去麻烦别人的人。

（7）下面，同学们就用自己的方法去认识这些生字宝宝吧！

（8）刚才很多同学在自己不认识的生字宝宝下面画了线，现在如果认识了，就请把这条线擦掉。

（9）既然都认识了，我就请一名同学读读这首儿童诗。（指名读）

（10）我还是不相信你们都会读（表情夸张）。因为读整篇课文容易，读不出的字可以顺下去读。

（11）要是会读这些词语，老师才佩服你呢！（教师出示词语和短句：一群、竹叶、月牙、不用、几步、为什么、参加、洞里、睡着）（自由练读—小组内互读—指名读）

（12）如果谁能认得这些单个的字，那才叫有本事呢。（教师出示单个的字：群、竹、牙、用、几、步、为、参、加、洞、睡）

（指名读、抽读）

（13）教师拿生字卡片，打乱顺序抽学生读。

（14）小朋友们那么快就认识了这么多的生字，一定有记字的好方法，小组内说一说：在这11个生字中，你以前就认识的有哪几个？你是怎样认识的？哪几个最难记？

（15）学生说，教师根据学生说的进行梳理，教给识字方法。

（16）齐读课本105页生字表里的10个生字，要求小手指着读。

（评析：在生字教学时，教师注重识字方法的引导：①学生自主学习生字：在课文中用"＿＿＿"画出生字—借助拼音识字—请教同学、老师识字；②教师带领学生学习生字：利用熟字、拼音在课文中识字—生词、短语识字—认识单字—打乱顺序识字。）

（三）写字

我们已经认识了这么多生字宝宝，现在老师要看看小朋友们会不会写字呢？这节课，我们要学写五个生字，它们是：竹、牙、马、用、几。

（1）学习书写"几"，读音，口头组词，举起右手，跟着书空。教师带着写"几"，提醒学生第一笔是竖撇，写在竖中线的左边，第二笔横折弯钩，起笔与撇的起笔相连。在课本上书写笔顺，之后再写两个"几"字。

（2）学习书写"用"，读音，口头组词，书空"用"。教师带着写，提醒学生：外边的同字框大小适中，最后一笔竖要压在竖中线上。在课本上书写笔顺，之后再写两个"用"字。

（3）学习书写"竹、牙、马"，读音，口头组词，书空。教师带着写，提醒学生要注意的地方，在课本上书写笔顺，之后再描两个，写一个生字。

（4）写完后，请同桌评价一下，指出不足，及时改正。

（评析：写字的学习，采用相同的方法加以巩固：读音、扩词、书空、笔顺、描红、书写。相同方法的强化，目的是让学生形成良好的写字习惯。）

第二课时

朗读感悟：

（1）老师不得不佩服你们，你们在这么短的时间内就认识了这么多的"字"朋友。而且还学会了写3个字，但是老师让这些生字宝宝又回到课文中，你们还能认出它们吗？

（2）请小朋友们自由练习读课文，要求：把字音读正确，句子读流利。

（3）指导读，评价。

① 教师范读课文，同桌练读。

② 指名读。

A. 谁能勇敢地说：我读得好！

B. 谁能诚实地说：我读得还不够好！

③ 全班齐读课文。

（4）感悟课文内容。

① 自由读课文，先独立思考下面的问题，再在小组内说一说：

第一，雪地里来了哪些小画家？

第二，它们都画了些什么？

你知道了什么？教师出示脚印图片让学生连线。课件演示，全班齐说。

② 还有什么问题要问吗？

③ 启发想象：还有哪些小动物会到雪地里画画呢？（引发学生想象）

（5）启发谈话，再读课文。

小动物们在雪地里跑来跑去，多开心呀！你们也喜欢下雪的天气吗？下雪后，你们的心情怎样？你们都干些什么？

（引导学生带着高兴的心情再次朗读课文）

板书设计：

雪地里的小画家

——竹叶

——梅花

——枫叶

——月牙

《雪地里的小画家》教学反思

依据《新课标》的精神，本节课的学习活动建立在学生的认知水平和已有的知识基础之上，充分调动学生的学习积极性，激发他们的求知欲。给学生提供充分的参与机会与活动空间，帮助他们在自主探索与合作交流的过程中，学会生字，自读自悟课文，提高认字、阅读的能力。培养学生自主探究、团结合作的精神，以及热爱大自然的情感。

整节课，学生学习生字的过程是教师要展示的重要环节之一。在生字教学中，教师注重引导学生识字方法的学习：一是学生自主学习生字。通过在课文中用"＿＿＿＿"画出生字—借助拼音识字—请教同学、老师识字的方法，使学生自主寻找适合自己学习生字的方法，有利于学生自主能动性的激发。二是教师在学生自主学习的基础上，带领学生学习生字。通过利用熟字、拼音在课文中识字—生词、短语识字—认识单字—打乱顺序识字，进一步巩固生字，使学生对生字的音、形得到进一步的强化。

两节课，学生学得快乐，教师教得轻松。但也有不足之处，比如，一是对于低年级学生的激励性评价语言欠缺、单调，特别是对后进生的鼓励不够，不能充分调动他们学习的积极性；二是教学中第一课时时间安排过紧，第二课时时间安排又较松，时间分配不均匀；三是针对低年级学生好动的特点，可以在课程中间结合教学内容，适当设置学习活动，让学生们身体上得到放松的同时，又不忘学习任务。

人教版小学语文一年级下册《识字1》教学设计及评析

（此课堂的教学录像课获2013年云南省教科院录像课竞赛一等奖）

教材分析

人教版语文一年级下册的教材采用了单元主题的编排方式。《识字1》是以"多彩的春天"为主题的第一组教材中的第一篇"看图学词识字"。8个四字词语，都是用来描写春天的典型事物和景象："春回大地""万物复苏"，总写春天给人的感受，"柳绿花红""莺歌燕舞""冰雪融化""泉水叮咚""百花齐放""百鸟争鸣"则从视觉和听觉的角度具体描绘出春天的美丽。8个词语排列整齐，合辙押韵，读起来朗朗上口。

教学理念

针对学生年龄特征，激发学生学习热情。

遵循识字教学规律，多种方法识记汉字。

教学目标

（1）认识"万、复、苏、柳"等13个生字，引发学生识字的兴趣。

（2）正确、整齐、规范地书写"万、冬、齐、丁、百"5个生字，培养学生良好的书写习惯。

（3）正确、流利地朗读词语。

（4）培养学生的观察能力，初步认识春天的特征，学习积累语言。

教学重难点

重点：在语言环境中识字，主动识字，把识字和看图、学词结合起来，和生活联系起来。

难点：在田字格中把字写美观、工整。

教学用具

电脑、课件、带田字格的黑板。

教学准备

根据课文内容制作的多媒体课件、课文词语卡片、课文生字卡片。

教学过程

（一）创设情境，激发兴趣

（1）小朋友们，我们都知道，一年有四个季节：春、夏、秋、冬。你们最喜欢哪个季节呢？为什么？用一句话与大家分享一下你的感受。（学生畅谈各自的想法）

（2）昨天，老师收到了一封春姑娘的邀请信，她邀请我们班的小朋友们一块儿去她的乐园里游玩。小朋友们，你们愿意接受春姑娘的邀请吗？（出示课件：春天来了！快让我们一起走进美丽的春天吧！）

（评析：结合低年级学生好玩的天性，教师创设一个由春姑娘邀请同学们一起去游玩的情境，激发学生学习的兴趣，调动学生内在的学习潜力，为学生学好本课内容奠定情感基础。）

（二）图文结合，认知词语

（1）播放根据课文插图制作的多媒体课件（春天的美景）。

（2）提问：小朋友们，刚才我们看到的景色美吗？是呀，春天给大地披上了绿装，到处生机勃勃，春意盎然。春天在哪儿？你找到了吗？

（3）自由发言。

（4）小朋友们，描写春天美景的词语都在我们的课本里呢！你们是希望老师一个词一个词地教你们读呢，还是自己把它读会呢？

（5）老师非常欣赏你们的选择，那你们就试着自己读读吧！

（评析：通过多媒体课件展示与课文内容一致的春天美景，旨在让学生从感官上感受春天的美丽和课文词语描写的景色特点，对词语形成初步的感知。同时，在学习词语的方法上，尊重学生学法的选择，调动学生积极主动认词的愿望。）

（三）多种方法，识记生字

（1）在读的过程中，小朋友们一定碰到了生字宝宝。请你在课文中把生字宝宝用"＿＿"画出来。

（2）大家都有自己的生字宝宝，怎么办呢？（学生自由发言）

（3）借助拼音识字是个好办法，你还有其他的办法吗？

（4）教师要强调：当自己确实没有办法时，可以及时请教别人。但老师不喜欢遇到问题时，自己一点儿也不努力，马上就去麻烦别人的人。

（5）下面，同学们就以自己的方法去认识这些生字宝宝吧！

（6）刚才很多同学在自己不认识的生字宝宝下面画了线，现在如果认识了，就请把这条线擦掉。

（7）既然都认识了，我就请一位小朋友读读这些词语。（指名读、会读的学生起立一起读）

（8）我还是不相信你们都会读（表情夸张）。因为读这些词语很容易，读不出的字可以顺下去读。生字宝宝旁边还有熟字宝宝帮忙呢！

（9）如果谁能认得这些单个的字，那才叫有本事呢！（出示带拼音的生字：万、复、苏、柳、歌、舞、冰、泉、丁、百、齐、争、鸣）自己学一学，把你认得最好的一个生字朋友介绍给大家。

（10）学生教读生字。

（11）"开火车"认读、齐读、抽查读。

（12）出示不带拼音的生字：拼音宝宝不再帮助生字宝宝了，它说要小朋友们来和生字宝宝交朋友！看看谁能交到更多的朋友！看着课后的生字表，同桌练读。

（13）教师抽读，全班齐读。

（14）谁来说一说，你能认得这么快，有什么好办法吗？

① 找出难记的字、生疏字。学生或教师帮助识记。教师着重指导记"舞、柳"。动作记"舞"，图片识记"柳"，相继扩词。

② 检查认字。我们来玩"开火车"的游戏吧！

（评析：教师引导学生遵循识字教学的规律，灵活运用多种方法识字：借助拼音识字、在语言环境中识字、利用动作识字、利用图画识字。使学生学得快乐，掌握得牢固。同时，在识字教学中，字不离词。根据低年级学生的识字特点，通过采用熟字认一认、利用拼音认一认、去掉拼音认一认、回到课文认一认、换个地方认一认的方法巩固识字。采用学生自己查一查、全班一起查一查、同桌互相查一查、教师重点查一查、组长带领查一查的方式检查识字的效果。）

（四）读中悟情，读中积累

（1）语言渲染：春天来了，春风轻轻地吹，春雨淅淅沥沥地下，绿油油的小草探出了小脑袋；小燕子、布谷鸟、蜜蜂飞来了，为春天增添了几分生趣；桃花、梨花、杏花张开了笑脸，为春天增光添彩！你愿意美美地读一读这些词语吗？

（2）学生齐读韵文。

（评析：回归课文，整体感知，检查落实学生识记生字的情况。）

（五）写字

（1）我们认识了这么多生字宝宝，老师要看看小朋友们会不会写字呢？这节课，我们要学写5个生字，它们是：万、丁、冬、百、齐。

（2）自己先记一记这几个字的字形。谁来说一说你记住了哪几个字？是怎

样记住的？（抽学生说）

（3）谁能用这几个字口头组词？举起右手，跟着书空，教师带着写，提醒学生注意书写的笔画。学生在课本上书写两个生字。

（4）写完后，请同桌评价一下，指出不足，及时改正。

（评析：发挥学生主动性，展示学生的个性，用自己的方法记住字形，巩固识字。在写字的过程中培养学生的注意力、做事耐心细致的习惯和审美能力。）

（六）总结全文，延伸拓展

今天，小朋友们接受春姑娘的邀请，在春天的乐园里，收获真是不少！我提议：课后，请小朋友们用你自己的感受与想象去画一幅美丽的春景图，送给我们亲爱的春姑娘，好吗？

（评析：照应开头的情境设计，激发学生对春天的喜爱之情。）

板书设计：

识字1 春天

春回大地　万物复苏　柳绿花红　莺歌燕舞
冰雪融化　泉水叮咚　百花齐放　百鸟争鸣

《识字1》教学反思

这一节识字课，是作为一节识字教学研讨课与"国培计划"小学语文骨干教师培训班的老师一起研讨的。整节课从磨课到正式录像，经历了6次打磨。虽然只有短短的8个词语，但是要让学生们在一节课中认识13个生字，会写5个生字，还是有一定难度的。所以，在设计时，我运用了图片和动画来激发学生们识字的欲望和兴趣。在识记生字时，学生们充满想象的记字方法真是令人叹服！识记"舞"字时，一名学生上台展示了一段舞蹈，接着，她告诉大家："我跳舞时，用到了双手、双脚，四肢都在舞动，所以，我记'舞'字时，就记住了它有四竖。"学生们识记生字的方法多种多样，只要教师善于引导，他们的想象力是无限的。

当然，每一节课都不是完美的，在这节课中，部分学生积极性很高，学得很快，记得也很快。但是，有一部分学生的识记能力还是比较弱，我的关注度就不够。如果能充分发挥优秀学生的优势，采取小组合作的学习方式，让优秀带动后进生，效果就会更好一些。

人教版语文一年级下册《春雨的色彩》教学设计及评析

教材分析

《春雨的色彩》是人教版义务教育课程标准实验教材一年级下册第一单元的第二篇课文。这个单元是围绕"多彩的春天"这一主题编写的。《春雨的色彩》写的是春雨的童话故事。全文通过一群小鸟围绕"春雨是什么颜色的"这一问题展开讨论，勾画出一幅春雨滋润大地，万物竞相生长的美景。课文文质兼美，回味无穷。

教学思路

春雨贵如油，细如丝，柔如水，美如画。教师利用插图创设情境，让学生看一看、读一读、演一演、画一画，感悟春雨，感受春雨给大地带来的变化，进而体会课文中蕴含的情趣。

教学目标

（1）认识11个生字，会写其中的6个生字。

（2）正确、流利地朗读课文，感受春雨给大地带来的变化，喜爱春天这个季节。

（3）培养学生主动积累词语的习惯。

教学重难点

识字、写字，有感情地朗读课文。

教学过程

（一）猜谜激趣，导入新课

（1）猜谜语：千条线，万条线，落到水里看不见。小朋友，猜一猜，这是什么？

（2）我们把春天的雨叫作什么雨？

（3）谁观察过春雨？说说它是什么颜色的。

（4）春雨到底是什么颜色的呢？让我们一起到课文中找一找。

（评析：教师以谜语导入新课，既可以增长学生的知识，开拓学生的思维，还可以使学生愉悦地进入课文的学习中来，从而收到良好的学习效果。）

（二）范读课文，感知内容

（1）教师有感情地范读课文，学生认真听，边听边思考：课文中的"小鸟"指什么？（燕子、麻雀、黄莺）它们在争论一个什么问题？（春雨是什么颜色的）

（2）学生在小组内交流，发表自己的看法。

（3）小组代表向全班汇报。

（评析：教师的范读起到了示范引领的作用，把学生带进了课文的学习中，再通过小组讨论，使学生们的注意力都集中到了学习上。）

（三）初读课文，识记生字

（1）借助拼音自读课文，注意读准字音。

（2）再读课义，用"＿＿"画出生字，多读几遍，并用生字组词。

（3）用小黑板出示带拼音的生字词语，认读、齐读，去掉拼音指名领读。

（4）抽读生字卡片，认识生字。

① 指名读或用"开火车"的形式抽读，重点订正"春雨、争论、有趣、绿色、麻雀、杜鹃、黄莺、油菜"等词语的读音。

② 交流识字方法：这些字有什么特点？你是怎样记住的？

③ 学生交流各自识、记字的方法。

④ 教师小结。

（评析：注重识字方法的巩固，课文中用"＿＿"画出生字——借助拼音识字—请教同学、老师识字的方法—生词、短语识字—认识单字—打乱顺序识字—交流识字方法。学生一旦形成习惯，教师在识字教学中就不用花费多少力气。）

（四）细读课文，感悟内容

（1）教师指名学生读课文第1自然段。读完后提问："你知道春雨是什么样子的吗？你听到春雨发出什么样的声音吗？"教师指导学生朗读"沙、沙、沙、沙、沙"。

（2）出示课文插图：这幅图画是哪个季节？你从什么地方看出来的？图上有什么鸟？它们在做什么？

（3）自由朗读课文第3～5自然段。想一想，你究竟同意谁的意见？为什么？

（4）学生戴上头饰朗读课文，要求读出争论的语气。

（5）讨论：小鸟在争论春雨的色彩时说了哪些理由？

（6）请小朋友们4人一组分角色朗读课文。

（7）分小组表演读，重点指导读好三种鸟儿一次比一次焦急的语气。

（8）小组讨论：你认为春雨还可能是什么颜色的？讨论后，归纳出小组的意见。

（评析：通过指名读、自由读、分角色读、教师引读，加深学生对课文内容的理解。）

（五）分析字形，指导写字

（1）抽读生字卡片，读准字音。

（2）这几个字在结构上有什么规律？谁发现了？

（3）写字指导，教师在田字格中范写：

"你"：单人旁的撇不能写得太直，右边第一笔是撇不是点。

"们"：右边的笔顺应该是点、竖、横折钩。

"红"：绞丝旁的第一笔撇折比第二笔撇折位置略高。

"绿"：右半部的下边不要写成"水"字。

"花"：草字头的横不宜太短，要盖过下面的"化"字。

"草"：草字头下边加个"早"字，"早"下面的"十"字的第一笔

"横"最长。

（4）自己练习写字，写完后和同桌交流，互相欣赏、评价。

（评析：教师引导学生分析字形，帮助了解字义。教师在范写的过程中，注重笔顺、间架结构的指导，有利于学生认识汉字和正确书写汉字。）

（六）巩固练习，积累词语

（1）练习用本课学习的生字扩词，可以采用"开火车"的形式，要求自己组的词语与前面同学的不同。

（2）完成课后扩词练习，主动积累词语。

（七）课后练习

（1）春雨到底是什么颜色的？请小朋友们到大自然中看一看，并把你看到的结果用手中的画笔画出来。

（2）想一想：春风又是什么颜色的？为什么？学着课文中的小鸟说一说。

（此文发表于《云南教育》）

板书设计：

春雨的色彩

（绿色） （红色） （黄色）

《春雨的色彩》教学反思

这节课的教学，教师导入很自然，激发了学生学习兴趣，调动了学生学习的积极性，学生很快就进入了学习状态。教师用富有磁性和感染力的声音范读课文，起到了很好的示范作用，使朗读教学效果不错，师生双边活动频率高，学生参与度高。教师借助多媒体辅助教学技术娴熟，教学效果突出。教师让学生在具体的语言环境中认字、识字，能使学生对生字领会、掌握得更深刻。教师善于培养学生在小组中进行合作学习的能力，这对一年级的学生来说是难能可贵的。在合作学习中能营造民主、平等、和谐的课堂氛围，面向全体学生，激发学生进行深层思考。课堂气氛活跃，目标达成率高。整节课充分让学生动手，动脑，体现了学生的主体作用。

不足之处有以下几点：

（1）学生的学习习惯还没有完全形成，比如，倾听习惯、发言先举手的习惯、与老师的约定（停止、听讲、看黑板等）、小组讨论时的发言习惯等还要进一步培养。

（2）课后教师引导学生进行扩散思维训练——"想一想：春风又是什么颜色的？为什么？学着课文中的小鸟说一说。"没有落到实处。

（3）在分角色朗读中，部分学生分不清楚哪些是小动物说的话，哪些是叙述部分的语言。

人教版小学语文一年级下册《识字4》教学设计及评析

教材分析

本篇课文是人教版一年级下册第四单元的第一篇文章，以小诗的形式出现，读起来朗朗上口，内容接近学生的生活。课文由三句儿歌组成，不仅形象地介绍了6种小动物在夏天时的活动情景，还让学生进一步体会了儿歌这一艺术形式，从而引导学生注意发现和积累语言，感受儿歌的韵味，丰富自己的知识。

教学目标

（1）认识"蜻""蜓"等14个生字，会写"蚂""蚁"两个生字。

（2）正确、流利地朗读课文。

教学重难点

重点：识字写字。

难点：利用形声字的规律识字。

教学准备

词语卡片、多媒体课件。

教学过程

导入：

（1）课件播放春天的动画图片。

昨天小朋友们还和甘老师一起去看春天的花，听春天的声音。转眼间，我们将和百花齐放、百鸟争鸣的春天说再见，一起走进哪个季节？（出示夏天的主题图）下面，我们结合单元导读提出问题：夏天会发生哪些有趣的事情呢？让我们一起到夏天的图画里寻找秘密吧！

（2）请小朋友们看图，说一说在图片里你都看到什么了。一位小诗人把这些小动物编在了一首小诗里。揭题并板书课题：识字4。

（评析：多媒体播放春天的图片，让学生们由图片引领进入夏天的学习，同时，也明白春天过去后就是夏天。）

活动一：我是识字小能手

问题：你是怎样记住这些生字的？

要求：

（1）借助拼音自由读诗，读完后用绿色水彩笔画出小动物的名字。

（2）自己拼读画出的词语。（交流：请小老师来带读词语，其他小朋友跟读；去掉拼音，"开火车"读词语卡片。）

（3）小组合作讨论：你是怎样记住这些生字的？（总结形声字）

活力游戏：你指我来猜。

（评析：要求认识的字共有14个，其中11个都是小动物的名称，都带有"虫"字旁。教师在引导学生们认识生字时，先通过彩色笔勾画出小动物的名称，使学生有了初步的认识，再通过自由读、带读、"开火车"认读，对字音进行进一步的巩固。最后在小组内交流识字方法，教师引出"形声字"的概念。识字方法循序渐进，分层次地认读生字，小组合作识记字形，以引导学生自主发现为主。学生学得快也记得牢。）

活动二：我是小小探索家

问题：各种小动物在它们的乐园里做什么？

要求：

（1）齐读小诗，想想小动物在它们的乐园里做什么？

（2）头脑风暴交流。

（3）梳理提升，指导朗读。

① 找出小动物做的事。

② 你喜欢哪个小动物，读一读带有你喜欢的小动物的句子。

③ 指导朗读并随文学习"网""运"和"展"字。

④ 师生合作读小诗。

拓展训练：编一句小诗。

（评析：在此活动中，教师将阅读与识字有机结合起来。识字教学是低年级阅读教学的基础，是阅读教学的重要组成部分，是语文教学最基础的阶段。搞好识字教学，有助于学生自主读书，能够增强学生的阅读能力和识字能力，通过识字教学为学生打下坚实的语文基础。）

活动三：我是小小书法家

问题：你是怎样记住并写好这两个字的？

要求：

（1）出示生字"蚂""蚁"，仔细观察后，同桌两人说说怎样写好这两个字。

（2）教师范写，学生书写。

（3）学生书写，教师指导。

（4）评议。

教师小结：小朋友们把小蚂蚁送回了家，现在到了我们和乐园里的小动物说再见的时间了，让我们一起在儿歌中和它们告别吧！齐读儿歌。

（评析：写字教学，教师要注重引导学生观察生字的间架结构，为正确书写做好准备，同时，学生书写的过程中，教师要巡视指导，及时发现存在的问题并加以解决。）

板书设计：

识字4

蜻蜓——展翅飞
蝴蝶——捉迷藏
蚯蚓——造宫殿
蚂蚁——运食粮
蝌蚪——游得欢
蜘蛛——结网忙

《识字4》教学反思

本课是一节集中识字课，教学中我采用了归类识字与随文识字相结合的方法，利用图片形象识字、生词卡片分类识字、游戏巩固识字。以识字为主线，将朗读指导融入识字中进行，朗读以动作表演朗读、小组比赛读、男女生比赛读、师生对读等多种方式开展。

教学中，我注意引导学生发现构字规律，注重学习方法的指导。识字教学不仅仅是把教科书上规定的那几个字教给学生，它的最终目的是让学生学会独立识字。在教学中，我准确地把握住了识字教学的这一目的，注意引导学生发现并掌握识字的方法。比如，在学生认识了蜻蜓、蝴蝶、蚯蚓、蝌蚪和蜘蛛等生字后，引导学生掌握借助形声字特点识字的方法。在整个识字过程中，我积极引导学生自己去探究发现，培养了学生独立识字的能力。

整堂课我以"活动"的方式来组织教学，改变了原来死板的教学模式，使学生在活动过程中，语言能力、交往能力都得到了不同程度的提升。

不足之处：识字教学中，生字的正确读音也是一个关键。此节课中，学生在带读"蚂蚁"时，受方言影响，把"蚁"字的第三声读成了第一声，我没有及时纠正，以至于到后面读课文时，大多数学生也跟着读错了。

人教版小学语文一年级下册《识字6》微课设计及评析

——激发学生识字兴趣策略

教学目标

通过多种活动方式，使学生对识字产生浓厚的兴趣。

教学重难点

通过猜字谜、字谜大PK、找朋友、你指我猜等活动，培养学生的识字兴趣，提高学生的识字能力。

教学过程

活动一：猜字谜

教师根据本课生字编出两个生字字谜，全班学生一起猜：

（1）小区飞来一只鸟（鸥）。

（2）车子顶上戴秃帽（军）。

（评析：教师通过猜谜语识字，让学生们知道有这样的识字方法。）

活动二：字谜大PK

引语：老师编的谜语真简单，小朋友们一下就猜出来了！说明小朋友们很聪明！下面，请小朋友们看着课后"我会认"生字条中的生字，也试着自己编一编字谜。

要求：

（1）小朋友自己独立编字谜，至少3个生字。

（2）小组内交流自己编的字谜。

（3）推荐出小组内编得最好的字谜，全班猜字谜。

（4）评出"最佳字谜小能手""最佳猜谜小能手"。

（评析：识字方法实践——编字谜识字，激发学生自主识字的兴趣，培养学生的识字能力。）

活动三：找朋友

引语：老师手中有5个字，它们的好朋友跑到我们班最听话的5位小朋友的手里啦！让我们一起帮这5个生字宝宝找朋友，好吗？

（1）老师手拿生字卡片"鸥"，说："我是鸥，海鸥的鸥，我的朋友在哪里？"拿"海"的小朋友举起手中卡片，说："我是海，海鸥的海。"师生站在一起，举起手中卡片，全班一起齐读"海鸥、海鸥"，把生字卡片贴在黑板上。

（2）用同样的方法找朋友"沙滩"。

（3）用同样的方法找朋友"军舰"。

（4）用同样的方法找朋友"秧苗"。

（5）用同样的方法找朋友"铜号"。

（评析：通过游戏"找朋友"巩固识字，熟字帮助识字。）

活动四：你指我猜

引语：小朋友们真能干！很快就找到了生字宝宝的好朋友。下面，我们邀请最专心的小朋友上来玩一个"你指我猜"的游戏。

（抽6位学生面向大家，教师指生字"帆、稻、塘、溪、竿、领"让全班学生跟着一起互动猜字。）

（评析：通过游戏"你指我猜"，让学生在猜字的过程中巩固生字的读音。）

活动五：质疑问难

引语：要求会认的字，小朋友们都认识啦！看看在这14个字中，你还有哪个记得不是太牢靠，在小组内问一问。会认的小朋友一定要当好小老师，教一教不会的小朋友！

（评析：发挥学生互帮互助的精神，组内互教。对于会读的学生是一次读音的巩固，对于不会读的学生则是一次再学习的机会。学生在这样的活动中，自主合作学习的能力得到了充分发挥。）

回归整体：

全班齐读一遍生字。

板书设计：

识字6

海 鸥 滩 军 舰 帆 秧
稻 塘 溪 竿 铜 号 领

《识字6》教学反思

这是一节激发学生识字兴趣的策略的微课，用时仅10分钟。在这短暂的10分钟里，我运用了猜谜语、字谜大PK、找朋友、你指我猜和小组合作学习的方法，激发学生识字的兴趣，培养学生自主识字的能力。尽管时间很短，但是学生们识字的兴趣很高，达到了预期的教学目的。在识字教学中，运用游戏帮助学生们识字，会起到事半功倍的作用。比如，猜字谜游戏，学生在猜字谜、编字谜的过程中，既识记了字音、字形，又理解了字义，同时还锻炼了思维能力、语言的组织能力和表达能力，真是一举多得。

在低年级的识字教学中，教师应在深入钻研教材的基础上，积极挖掘教材中每个生字固有的特点，并对生字的结构、形状进行比较、联想，灵活地运用多样化、幽默化、趣味性的游戏教学手段，将枯燥无味、难于理解、难于认识的汉字转变为在轻松愉快的教学情境中学生简单易学的汉字，这样，还可以使学生在识字过程中养成良好的识字习惯，提高他们识字的能力。

这节课，我只是起到一个抛砖引玉的作用，更多的方法，还有待于教师们去探索。

统编版小学语文二年级上册《拍手歌》教学设计及评析

（云南省"国培计划"项目小学语文甘清梅名师工作坊坊主示范课）

教材分析

本课是一篇以"拍手歌"的形式出现的韵文识字课文。全篇共10小节，每小节字数相同，读音押韵、节奏感强，可以让学生从拍手歌的活动中轻松地学会生字。同时体会到地球是人类和动物共同的家园，动物与人类相互依存这个道理。根据文本的内容及特征，我们确定这堂课在识字方面的学习目标是：通过自主学习的方式，学会本课的10个生字，会写"丛、歌"等不同结构的生字。在阅读方面的目标是：准确、熟练并有节奏地诵读"拍手歌"，感受学习是一件快乐的事情。在情感方面的目标是：在学习中感悟人与动物的相互依存，使学生产生保护动物的意愿。

教学目标

（1）识记"世、界、雀、锦、雄、鹰、翔、雁、丛、深、猛、灵、休"13个生字，会写"歌、丛、深、处、六、熊、猫、九、朋、友"10个生字。

（2）通顺、流畅地朗读课文。

（3）懂得保护小动物。

教学重难点

重点：识记13个生字，会写10个生字。

难点：生字"鹰、雀、雁"的记字方法。

教学过程

（一）看动物图片，激发学习兴趣

（1）导语：小朋友们喜欢动物吗？老师给小朋友们带来了许多动物的图片！想看一看吗？（师出示整幅图）看一看这些小动物，把你喜欢的小动物选出来。

（2）请小朋友们仔细看每一种动物的图片，大声地说出它们的名字。

教师依次出示动物的图片（词语、生字带拼音）。

（评析：小动物的图片激发了学生学习的兴趣，同时，通过学生大声说出名称，使学生对小动物有了初步认识，为后面学习生字、新词奠定了基础。）

（二）认读带拼音的生字

过渡：这些动物一起跑到了美丽的大森林里，可热闹啦！它们在干什么呢？请小朋友们把课本翻到第20页。

（1）认真听老师读课文，一边听一边圈出课文中的生字。（教师要读出节奏）

（2）小朋友们听老师读了一遍课文，自己也试着读一遍课文，遇到不会读或读不准的生字用"＿＿"做上记号。

（3）小朋友们真能干！在听老师读课文的时候找出了课文中的生字，现在请小朋友们借助生字上的拼音自己拼读一遍生字。

（4）动物朋友想考考小朋友们能不能把生字读准确了，老师请一些小朋友起来"开火车"拼读生字，其他小朋友认真看大屏幕，认真倾听，他们读对了就大声跟他们拼读。（教师认真听学生读，发现错误及时纠正）

（5）小朋友拼读得非常准确。哪些小朋友能不拼读直接读出生字的读音呢？（教师出示生字卡片，随意抽学生读生字）

（6）齐读生字。有许多小朋友能直接读出生字了，全班小朋友也像他们一样齐读一遍生字。

（7）小朋友们读得真好！可现在生字宝宝跑到句子里了，小朋友们能准确地把句子读通顺吗？哪位小朋友来读一读大屏幕上的句子？（出示带生字的句子，抽一位学生读句子）

（8）这位小朋友读得非常准确、流畅。请小朋友们像他一样齐读一遍大屏幕上的句子。

（9）"摘果实"巩固识字。森林里有棵结满果实的大树，刚才小朋友们认识的生字宝宝跑到大树的果实上了，老师想请13位小朋友上来摘下这些果实，看看你还认识它们吗？

找出生字，认读生字。（生字去掉拼音）

要求：

① 看一看，你认识哪个生字就把这个果实摘下来。想一想，果实上的生字怎样读。

② 举起生字卡片，大声、准确地读出生字的读音。

③ 把生字卡片规范、整齐地贴在黑板上。下面的小朋友认真听，如果他们读对了，就跟他们一起读。

（10）教给识字方法。

① 出示：孔雀、大雁、老鹰。

读一读，说说加点的字有什么相同之处。

教师总结：这三个字都带有"隹"字，字典中的解释是"短尾巴的鸟"，可见，带有"隹"的字，都与鸟有关。

② 出示：锦鸡、黄鹂、天鹅。

在这组词中，你又发现了什么？

带有"鸟"字旁的字，也与鸟有关。

③ 中国的汉字博大精深，但是只要我们善于发现，就能找到这些汉字的规律，这样，我们记字就方便多了！

（评析：此教学环节，教师结合学生的年龄特征，遵循了"字不离词、词不离句、句不离文"的识字规律。运用多种识字方法帮助学生识字：拼音熟字识字、丢弃拼音熟字识字、换个地方认一认、回归课文识字。采取多种游戏方式巩固识字："开火车"识字、"摘果实"巩固识字。教给学生识字的方法，寻找汉字规律。）

（三）识记会写的生字

（1）这篇课文中，有10个生字宝宝是要求我们会写的。让我们一起先去认识一下它们吧!

① 出示会写的10个生字。想一想：10个生字中，你已经认识了哪几个？说一说它们的字形结构。

② 还有哪几个不认识？我们怎么来学习它们？

③ 老师想问小朋友们一个问题：你们平时会用哪些方法记生字？教师根据学生说的记字方法，在黑板上用气泡图归纳记字方法，比如，加、减、换、猜、编、拆、合、构、书空……记字的方法还有很多。

（2）今天学的这些生字都很难。想一想，你能用什么方法记住哪几个生字？认真倾听，别人说过的不能重复。（先让学生说出简单的生字的记字方法）学生说出生字的记字方法，教师取下相应的生字卡片重新整齐、规范地贴在黑板上。（让学生知道哪些生字还没有记住）

（3）我们现在还有几个生字没有记住？你认为哪个生字最难记？

（4）剩下的这几个生字宝宝非常难记，请小朋友们在4人小组里讨论、交流这几个生字的记字方法，比一比哪个小朋友最聪明。

（5）谁想出好办法记住生字了？（教师调控引导）

（6）小朋友们记住了这10个生字宝宝，就让我们一起来书空一遍吧！学生伸出右手食指，一边看一边跟着书空笔画，读出笔画名称。把语文书上红色的字描一遍。

（7）同桌交换语文书，评一评彼此的字写得怎么样。哪里写得好，哪里有不足，互相提意见。

（8）今天，小朋友们都积极动脑，发挥自己的特长，想出很多好办法记住这么多生字！老师相信小朋友们能准确、流畅地朗读课文！请大家齐读一遍课文，一边读一边想：这篇课文告诉我们什么？

（9）读了这篇课文后，你想对大家说些什么？

（评析：通过这一课的学习，教师引导学生对识记汉字的方法进行归纳、整理，使学生对汉字的学习有了更多的认识。）

（四）扩词练习

过渡：我们已经和10个生字宝宝成为好朋友了。现在，我们再来接着帮它们认识更多的新朋友。

（1）口头扩词。

在4人小组里分别用这10个生字口头扩词，认真倾听记住其他小朋友说出的词语。

（2）小组分工扩词。

小朋友们积极动脑筋想出那么多词语，怎样能快速把这些词语写下来呢？请小组长给小组成员分工，每个小朋友用一个生字扩词。把刚才扩的词语写在微型卡上，还剩一个小朋友协助其他小朋友想更多的词语，可以查询资料。当你遇到困难时，可以起来走动，看看其他小朋友的学习卡，记住自己没有写出来的词语，然后对自己的学习卡进行补充。

（3）粘贴学习卡，参观学习成果。

① 在4人小组里，把每个小朋友的学习卡粘贴在中卡上，然后利用我们身边的资源（黑板、墙壁），把中卡粘贴在黑板或墙壁上，比一比哪个小组合作的速度最快。

② 粘贴好的小朋友随意参观其他小组的学习卡，一边看一边读一读学习卡上的词语，记住新的词语，仔细观察。如果发现错别字，请你帮他改正过来。

（4）哪位小朋友看得最认真？说说你记住的新词语。你发现了哪个错别字？

小眼睛真会看，通过读别人的学习卡，记住好多新的词语！

（评析：在低年级学生的识字教学中，组织学生扩词，目的是通过扩词引导学生理解字义，为学生提供语境，发展思维，丰富积累。）

（五）选择自己喜欢的词语练习说话

过渡：你们真了不起！认识那么多的新词语！老师想听听谁的小嘴巴最会说！

（1）选择一个自己喜欢的词语，用这个词语说一句通顺、完整的话。比一比，谁说得最好。

（2）把你的想法和同桌交流。

（3）哪位小朋友可以把选择的词语和说的话说给大家听听？

（评析：由词到句的练习，是教师让学生熟练地运用新词语的一个有效手段。这样，既提升了学生的表达能力，又训练了学生的思维能力。）

（六）个性化朗读课文

（1）过渡：小动物们听了小朋友们说的话可高兴了，它们说："你们这些识字小能手，不仅认识了13个生字，还会写10个生字。真不错！现在我们邀请你们到家里做客！"

（2）请小朋友们打开课本，用自己喜欢的读书方式自由朗读一遍课文。要求语句通顺、流畅，读出节奏感。

（教师提示：自己拍手朗读、同桌合作拍手朗读、小组齐读、找自己的好朋友读、加动作表演朗读、边走边读……）

结束语：今天，我们学习了"拍手歌"，小朋友们课后可以选择自己喜欢的内容，模仿课文创编"拍手歌"，读给爸爸、妈妈听，把我们学习的快乐带回去和爸爸、妈妈一起分享！

（评析：让学生带着学习的收获自由朗读全文，既是对学习成果的一个检验，也是对学习效果的再巩固。）

板书设计：

拍手歌

动物 ——— 好朋友 / 保护动物 ——— 人类

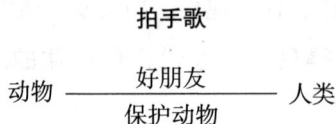

《拍手歌》教学反思

这是语文教师上的一节识字教学观摩课，对于统编教材的识字教学，教师们都在不断地学习与探究之中。结合统编教材说明及对课文分析，本课的重点是识字、写字。所以，结合课文内容，根据学生的年龄特点，我重点进行了识记字形、写字训练的教学。在识字教学中，我注意启发学生运用自己的识字经验，遵循"字不离词、词不离句、句不离文"的识字规律，运用多种识字方法帮助学生识字。比如，利用拼音熟字识字、丢弃拼音熟字识字、换个地方认一认、回归课文识字。采取多种游戏方式巩固识字，比如"开火车"识字、"摘果实"巩固识字。教给学生识字方法，寻找汉字规律，培养了学生的识字能力，也让教师们有样可学。另外，在写字教学中，我还提醒学生要严格按笔顺去描红、临写，把字写规范、美观。

不足之处：

（1）一节课的教学容量太大，既要认识13个生字，又要学写10个生字，对于刚刚升入二年级的学生来说，难度太大。

（2）因为容量大，我在细节方面的关注不够。比如，生字识记方法的多样性不够，学生的发言面不广，对后进生的关注不足，等等。

（3）引导得太多，说得太多，学生的学习主体性体现不够明显。

（4）对于生字中的多音字没有进行强调。

人教版小学语文二年级上册《识字8》教学设计及评析

教材分析

本课由两组四字词语组成。一组是反映古代神话的，另一组是关于现代科技的。通过鲜明的对比，既让我们惊叹古代传说的神奇，又让我们感叹科学成就的伟大。这8个词语，不仅能帮助学生识字，而且丰富了学生的知识，开阔了学生的视野。各个词语的意思虽然独立，但读起来能使人感受到韵律美。

教学目标

（1）认识9个生字，会写6个字。
（2）正确、流利地朗读课文，积累词语，感受语言文字的韵律美。

教学重难点

识字，写字，正确、流利地朗读课文。

教学过程

（一）初读课文，读准字音

（1）小朋友们，知道这是哪儿吗？（一座美丽的城堡）

（2）在这座美丽的城堡里，住着一位善良的故事大王，他为小朋友们准备了好多故事呢！小朋友们跟随故事大王一起来吧！

（3）各位小朋友，早上好！我是故事大王，欢迎你们来到故事王国，我为大家准备了几个故事。故事都在门后面等着你们呢！打开左边的大门：我们一起看一看，认识故事名称的学生大声说出来。后羿射日、女娲补天、精卫填海、嫦娥奔月。打开右边的大门：人造卫星、航空母舰、宇宙飞船、运载火箭。

（4）这位故事大王真热情，为我们准备了这么多有趣的故事！你们知道这些故事名藏在书中的哪一页吗？请大家把语文书翻到《识字8》。今天，我们就一起来认识一下这些故事名吧！请同学们举起你们的右手，和老师一起写一写课题。（学生跟写，齐读两遍课题）

（5）看一看课本，老师想问一问小朋友们：这么多的词语，你们是想让老师一个一个地教你们读，还是依靠拼音宝宝和熟字朋友自己学？

（6）你们真是一群爱学习的好孩子！老师尊重你们的选择，那就打开课本，用你自己喜欢的方式读一读词语。不会读的生字，看一看下面枫叶上的拼音或旁边的熟字宝宝，也可问同学，还可以问后面的老师。边读边用圆圈勾画出生字。

（评析：上课伊始，教师以故事大王打开故事王国大门的形式，引出8个词语，激发学生的好奇心，关注每一个词语后面的故事，激起学生们学习的欲望。再使学生再通过齐读、自由读、借助拼音认读的方式，进一步巩固生字的读音。）

（二）细读课文，认识生字

下面我们来看一看，小朋友们学得怎么样。

（1）连词带拼音插图一起出现，检查读音，"开火车"读、齐读。小火车哪里开？（小火车，这里开。）读对的小朋友就能和相应的图片宝宝见面啦。

（2）检查学生勾画的生字在词语中的情况。

（3）生字宝宝从词语中跳出来啦！现在，只有拼音宝宝在帮忙，你还认识它们吗？在认识之前，看看谁的眼力最好。刚才勾画的生字和老师现在出示的生字，是多了，还是少了？（引导学生清楚"羿、娲"两个字这节课不需要重点认识，如果不会读，可以看拼音。）

（4）抽读，组词读。

（5）拼音宝宝不帮忙啦！它说，还能认识生字宝宝的小朋友是最聪明的小朋友！（按顺序抽读，跟读）

（6）教师使用生字卡片，单字出现，打乱顺序让学生认一认，但要求学生组词认读。比如，读"射"，"射箭"的"射"。

（7）回到词语中读一读。

（8）所有认识的字宝宝在课本上排成了队伍，等待小朋友们的检阅呢！请小朋友们打开课本第143页，看着课本快来认一认吧！（齐读生字）

（评析：教师通过图片识字、借助拼音识字等方法，巩固识字。再通过"开火车"、生字卡片抽读、回到课本读一读的方式强化识字。）

（三）掌握字形，学习生字

横线中的生字宝宝同学们都认识啦！田字格中的宝宝可不高兴啦！它们说："小朋友们是不是把我们忘记啦？"

（1）出示本课要求会写的6个生字"卫、运、宇、宙、航、舰"，这几个生字宝宝有些和我们已经是老朋友啦！

（2）小组内说一说：你都认识了哪几个生字？你是怎样记住它们的？教一教你们组里的其他小朋友。推荐说得好的小朋友起来交流。

（3）教师梳理提升：卫、运、宇、宙、航、舰。

（4）扩词练习，选择一个词语说一句话。

（评析：对于要求会写的生字，就必须掌握字音、字形、字义，还要会用。所以，要引导学生读准字音，在认清字形的基础上，还要进行扩词和说话练习。）

（四）指导写姿，书写生字

词语会读了，生字记住了。下面动动小手，写一写这6个生字。

同时出现6个字。

（1）学生观察这6个字，在书写的时候，教师要提醒学生需要注意些什么。

（2）学生说，教师引导观察。

（3）教师范写。学生在本子上排字头，一个生字写一个。

（4）学生试写。在排好的字头后面，一个生字写两个。教师边巡视边评价。

（5）同桌互评，好的画圈，不好的提出建议。

（评析：教师在评价学生写字的时候，关注学生书写笔画的正确性、书写结构的合理性，及时面批，多用鼓励性语言激发学生写字的积极性。）

板书设计：

识字8

后羿射日　人造卫星

精卫填海　航空母舰

嫦娥奔月　宇宙飞船

女娲补天　运载火箭

《识字8》教学反思

本课的教学设计渗透了《新课标》的基本理念，发挥了现代教育技术的优势，鼓励学生自主识字，努力构建开放而有活力的语文课堂。

一、创设教学环境，调动学生的学习积极性

《新课标》和新语文教材中均指出：把激发学生的学习积极性放在首位。要让学生把学习当成一种享受，这样，学生喜欢学，便会积极投入其中。于是，我创设了愉悦的氛围，让学生走入"神话故事的世界"，先去听、看故事，再学习新词语。这种教学情境的设立，使学生有了一种"在快乐中学，在学中快乐"的感觉。学生主动学习，又为他们自主学习能力的提高奠定了基础。

二、自主识字，让学生真正成为学习的主人

学生是课堂教学的主体，是体验者、发现者。我先通过学生自主识字来培养他们的自主探究能力，再鼓励同桌合作识字，还可以运用全班交流识字。

识字过程体现了循序渐进的原则。我先让学生认读带拼音的词，再认读不带拼音的词，最后识记字形、组词，对学过的知识加强巩固。通过我的引导和启发，学生有所发现和收获。

三、在形式多样的朗读中提升语言能力

阅读是学生的个性化行为。教师要以学生原有的知识经验为基础展开教学，通过激发学生的阅读兴趣，引导学生自读自悟：

（1）时间留给学生。让他们多读书，多思考，多交流，多表达。

（2）读书指导要求明确。"你能把这个字音读准确吗？你能声音响亮地读一读吗？"在明确的目标下推进教学进度。

（3）读书形式多样。本节课中，我采用了多种形式的读书方法：指名读、自由练读、集体读、同桌读、师生对读、示范读、小老师带读……

（4）读书评价具有针对性。"你的声音真洪亮！""你能把这个字读成四声，很好。"

细细回想课堂中的每一个环节，尽管自己很投入，但是还是有些疏漏。讲故事环节安排得不够紧凑，最后有一点点拖堂。今后，我将把时间分配地再合理一些，并进一步强化教学机制。

这节课使我深刻地意识到，教师的教学基本功、自身素质和驾驭课堂能力的高低，对一节课的成败关系重大，这节课使我收获颇多。

统编版小学语文二年级下册《开满鲜花的小路》教学设计及评析

教材分析

《开满鲜花的小路》是一个温馨浪漫且充满儿童情趣的童话故事。它采用了拟人的手法，讲述了长颈鹿大叔给鼹鼠先生寄来一个邮包，鼹鼠先生不知道里面一粒粒的籽是什么，就去问松鼠太太。到了松鼠太太的家，它们发现邮包里面是空的，松鼠太太发现邮包上有个小洞。春天的时候，通往松鼠太太家的路成了一条开满鲜花的小路的故事。该故事虽然篇幅不长，人物对话简单明了，但为学生们营造了一个浪漫温馨的氛围：一条小路上，花朵簇簇，花香飘飘，多美呀！这花是谁种的呢？富有悬念的故事情节吸引了学生的注意，生动浅显的语言便于学生理解、记忆、学习。

教学目标

（1）认识"邮""递"等15个生字，会写"邮""递"等9个字。利用加一加、减一减、联系生活实际等识字方法记忆生字。

（2）分角色朗读课文，注意体会每个角色的语气，读出对开满鲜花的小路的赞美之情；练习正确、流利、有感情地朗读课文。

（3）能够联系上下文及课文插图理解"绚丽多彩""五颜六色"等词语的意思。

（4）激发学生爱护环境、感受美、赞赏美、分享美的愿望和行动。

教学重难点

重点：

（1）认识"邮""递"等15个生字，会写"鲜""邮"等9个字。

（2）分角色练习正确、流利、有感情地朗读课文。

难点：分角色朗读课文，注意体会每个角色的语气，读出对开满鲜花的小路的赞赏；练习正确、流利、有感情地朗读课文。

教学准备

（1）学生课前预习。

（2）生字卡片、课件。

教学过程

第一课时

（一）激趣导入

小朋友们，如果你家门前有一条小路，你希望这条小路是怎样的？请小朋友们完成填空：_____的小路。比一比，谁说得最多。

揭题：课文里有一条开满鲜花的小路，今天，老师就要和小朋友们一起来学习第3课《开满鲜花的小路》（板书），齐读课题。

（评析：语言训练激趣导入，一举两得，为童话故事教学展开想象的翅膀。）

（二）初读课文，识记生字

（1）在这条开满鲜花的小路上，究竟发生了什么有趣的事情呢？让我们一起来读一读课文。请小朋友们自由读课文，注意读准字音，读通句子。

（2）学习会认的生字。

① 检查学生的学习情况。全文共有几个自然段？指导学生勾画自然段。

② 同桌互查，在课文中勾画生词；教师出示带拼音的生词，学生自由读一读、认一认，不会的可以请教同学、老师。

③ "开火车"认读生词，其余学生跟读。

④ 学生看课后生字条中带拼音的生字，同桌互读。教师抽读，重点指导"啊"的读音。

⑤ 课件出示丢弃拼音和熟字的生字——拼音宝宝和熟字宝宝都不帮忙了，小朋友还认识它们吗？试着读一读。

⑥ 抽学生当小老师带读，一组读一个，检查读；全班齐读。

⑦ 小朋友们这么快就认识了这么多的生字宝宝，你们一定有很多好方法！请小朋友们在小组内（4人小组）说一说你是用什么方法记住哪个字的。每人至少说4个生字。

⑧ 全班交流分享识字方法：

第一，邮、递、裹、啊、猩、籽主要运用熟字加偏旁的方法。

第二，堆、礼可以利用熟字换偏旁识记。

第三，破、漏、局可以引导联系生活实际形象识记。

⑨ 教师用生字卡片抽读，检查生字记忆情况。

⑩ 学生看课本第8页生字条，同桌互读，检查识记情况，画笑脸鼓励。

（评析：随文识字注意音、形、意梯度的同时，鼓励学生用多种方法识字、记字，有助于学生提高自主识字的能力。教师在特别难记的字上加以指导并帮助归纳，及时巩固，让识字环节扎实有效。）

（三）学习会写的生字

（1）看课本第8页，田字格中有9个生字，自己读一读，有不认识的生字请教一下同学、老师。

（2）"开火车"认读、生字卡片抽读。

（3）寻找你认为最难书写的3个生字，组内交流。

（4）全班交流难写的生字。教师板书、范写，学生跟写，完成课本上的书写任务。

（5）比一比，评一评。评出写得好的学生的作业进行展示、表扬。

（评析：先识，再观，后写，注意强化书写规律。互评、展评，使学生从小学会认真对待自己写下的每一个字，培养良好的书写习惯。）

第二课时

（一）细读课文，理解感悟

（1）生字宝宝又回到了课文中，让我们一起再来读一读课文，边读边想，课文中出现了哪些小动物？用笔把它们圈画出来。课件出示：课文中出现的小动物有（　　　）（　　　）（　　　）（　　　）和（　　　）。

（2）厘清课文中小动物之间的关系，同时板书。

（评析：在把好朗读关的基础上，教师用讲故事般的语气结合生动的课件，把学生们带进童话的世界。）

（3）长颈鹿大叔给鼹鼠先生寄来了一个包裹，这个包裹里究竟是什么呢？请小朋友们轻声读一读课文1～5自然段，思考以下问题：

① 长颈鹿大叔给鼹鼠先生寄来的包裹里是什么东西？

② 鼹鼠先生把包裹拿给松鼠太太的路上发生了什么事？

③ 鼹鼠先生的心情怎么样？你从哪里看出来的？

（4）教师根据学生的回答，适时指导朗读：

松鼠太太拿过来一看，里面空空的，什么也没有。原来，包裹破了，里面的东西不见了。看来都漏在来时的路上啦！鼹鼠先生很懊丧。（理解"懊丧"的意思，并指导读出懊丧的语气。）

（评析：1～5自然段的教学以自读为主。抓住"懊丧"一词，引导学生体会鼹鼠先生收到包裹又不小心漏空后的心理活动，仿佛看见了鼹鼠先生拿着空袋子是怎样一步步走回家的。通过这些体验，丰富了学生的想象力，为"最好的礼物"做好铺垫。）

（5）春天来了，鼹鼠先生要到松鼠太太家做客，请小朋友们一起跟着鼹鼠先生到松鼠太太家做客。教师范读课文6～11自然段，请学生边听边思考：走在这条开满鲜花的小路上，你们发现了什么？是从哪些句子中发现的？用

"〰〰〰〰〰"勾画下来。

（6）4人小组交流、补充。

（7）抽学生交流分享，教师随即引导：

① 看到门前开着一大片绚丽多彩的鲜花，她惊奇地说："这是谁在我家门前种的花？多美啊！"

第一，结合上下文理解"惊奇"的含义；依据课本插图和教师课件理解"绚丽多彩"的含义。

第二，指导学生读出"惊奇"和"赞美"的语气。（方式：抽学生读、范读、齐读。）

② 看到门前开着一大片五颜六色的鲜花，她奇怪地问："这是谁在我家门前种的花？真美啊！"

第一，找一找"奇怪"和"五颜六色"的近义词。仿照例句说一说：

门前开着一大片五颜六色的鲜花。

房子旁边＿＿＿＿＿＿＿＿＿＿＿＿＿＿＿＿＿。

山坡上＿＿＿＿＿＿＿＿＿＿＿＿＿＿＿＿＿＿。

＿＿＿＿＿＿＿＿＿＿＿＿＿＿＿＿＿＿＿＿。

第二，指导学生读出"奇怪"和"赞美"的语气。（方式：抽学生读、齐读。）

③ 松鼠太太走出门，花香扑鼻，她看见门前的小路上花朵簇簇。小松鼠、小刺猬和小狐狸在那里快活地蹦啊跳啊。

指导学生读出小动物们对小路的喜爱之情。

（8）学生分角色朗读6～11自然段。

（评析：6～11自然段，重点紧扣"开满鲜花的小路"，一边抓住文中多个描写鲜花的词语进行语言积累和语言运用训练，一边体会动物们看到开满鲜花的小路时的"惊奇、赞美、快活……"的心情进行朗读指导。入情入境，生动有趣，在朗读中分享动物们的快乐，与之前的"懊丧"形成鲜明对比，更加凸显"美好的礼物"的特殊内涵。）

（9）这条"开满鲜花的小路"是怎么来的呢？小路上怎么会开满鲜花呢？小朋友们一定非常想知道，那就让我们带着问题来读课文，在课文中寻找答案。

（10）小组合作探究。

①合作探究的问题清单：

第一，长颈鹿大叔给鼹鼠先生寄来的这个包裹和开满鲜花的小路有什么关系？

第二，为什么说长颈鹿大叔寄来的花籽是"美好的礼物"？

②学生自主学习，勾画相关语句。

③小组内交流分享。

④全班展示分享。

（11）教师在学生展示分享时随机指导。

①弄清楚长颈鹿大叔给鼹鼠先生寄来的包裹里装的是花籽。

②鼹鼠先生是不小心把花籽漏在路上的，不是本人的意愿，再次理解鼹鼠先生"懊丧"的心情，以此反衬后面"美好"的心情。

③因为漏在路边的花籽开出了绚丽多彩、五颜六色的花朵，这些花朵开在路边，供大家观赏，多么美好！所以说，长颈鹿大叔寄来的花籽是"美好的礼物"！

（二）拓展延伸，升华情感

课文中"美好的礼物"指的是长颈鹿大叔寄给鼹鼠先生的花籽。生活中还有什么也是美好的礼物呢？请小朋友们也一起来说一说吧！

（三）作业

回家后，把这个故事讲给你的爸爸、妈妈听。

（评析：在明白课文中"美好的礼物"究竟是什么之后，教师引导学生结合自己的生活体验去发现"赠人玫瑰，手有余香"的美好，使学生懂得学会欣赏生活中那些有意、无意的"善意"，这才是生活给予我们"最好的礼物"。小小的童话种下了美好的种子，在与文本主人公心灵的对话中也达到了育人的功能。）

板书设计:

开满鲜花的小路

邮递员黄狗

长颈鹿大叔 ——— 花籽 ——→ 鼹鼠先生

美好的礼物 刺猬太太(绚丽多彩)

狐狸太太(五颜六色)

松鼠太太 ←———

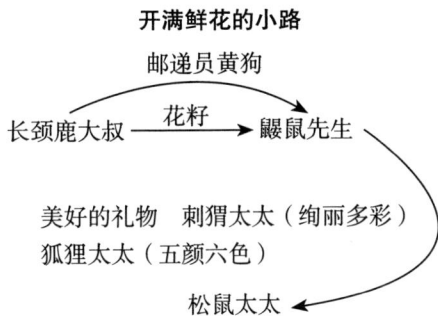

《开满鲜花的小路》教学反思

本篇童话充分体现出部编版教材营养与趣味并重的特点。我通过巧妙的教学设计,抓住关键问题"美好的礼物"究竟是什么让学生在探究的过程中受到美好品质的熏陶,在揭开谜底的同时获得情感的升华,并结合自己的体验去发现生活中的美好。

在课文学习的过程中,我开展了随文识字、语言积累与运用及朗读指导等基础知识与基础技能的教学,注重识字方法的整理及书写要求的归纳,体现了低段语文夯实基础、培养良好学习习惯的特点。

教学活动中,语言的组织、课件的使用都在积极营造一个童话般的世界,让学生在童话的温馨氛围中与故事的主人公进行心灵的沟通。那些无意间撒落的花籽,也在学生们心中播下了美好与快乐!

低年级的学生以识字、写字为重点的教学还不够突出,我只注重了文理的引导,忽略了识字的重要性。识字、写字的强化次数不够,特别是对学生在写字过程中的写字姿势的关注和提示不足。今后要进一步加强!

第三章

阅读教学

阅读教学中语感培养的基本途径

语感是由感受语言文字而引起的复杂的心理活动和认识活动的过程，是一种通过对语言材料的感知所形成的对语言材料特有的、近乎直觉的、敏锐的感受能力。这种对语言材料的敏锐感受能力，虽然是快速闪现结论的一种表现形式，但它却要经过一定时期的知识的积累和一系列的思维训练、语言训练后才能形成。可见，语感是一种能力，是语文学习中经过长期的思维训练、语言训练的结果。

一、丰富儿童生活积累，多方联系已有生活经验

构成语感的因素——想象、联想、情感、思维，都是客观事物在人脑中的反映。没有生活经验，文字只能是枯燥的概念。叶圣陶先生指出："要求语感的敏锐，不能单从语言上去揣摩，而应当把生活经验联系到语言、文字上去。""单靠翻查字典，就得不到什么深切的语感，唯有从生活方面去体验，把生活所得的一点一点积聚起来，积聚得越多，了解越见深切。"叶圣陶的话有两个要点：一是平时要有生活经验，这种生活经验是阅读的准备。陆游教他儿子写诗，有"功夫在诗外"之说。事实上，丰富的生活积累，岂止是写作的前提，也是阅读的必要条件。二是在阅读时多联系已有的生活体验。这就是说，言语感受与生活经验是直接相关的，离开了生活经验，很难获得具体的语感。因此，在语文教学中要多启发学生，调动他们联系自己的生活经验，通过揣摩、咀嚼来感知课文语言，从而积淀语感。那么，究竟该如何启发学生调动自己的生活经验呢？

1. 开启记忆宝库

生活经验有时是直接的，俯首可得，鼓励学生打开记忆之门即可。如教

《八角楼上》这篇看图学文的第2自然段，可启发学生思考：你在寒冬腊月的深夜伏案学习，都穿戴些什么？坐在什么上面？学生通过回忆，在描述自己在温暖明亮的房间里，坐在放着棉垫的椅子上，穿着厚实的羽绒服的情景的同时，悟出蕴含在"单军衣、薄毯子、竹椅，拨了拨灯芯，连毯子滑落下来也没觉察"这些词句中的语言形象感和意蕴感。

2. 架设情境桥梁

小学生的直接生活经验毕竟有限，教师就应为他们创设一些情境，帮他们寻觅一些间接的生活经验。比如说，《可爱的草塘》中主人公小丽说北大荒好得"哪儿也比不上"。有学生质疑：咱们国家有那么多名胜古迹，胜过北大荒的有的是，小丽有点儿言过其实了。这说明，学生没有体会到这句话的言外之意和里面的感情。怎么办呢？教师可以让学生就此展开讨论，并点拨："有首歌叫《谁不说俺家乡好》，会唱吗？你们从中得到了什么启发？"在歌声所创设的热爱家乡、赞美家乡的情境中，学生逐渐悟到，小丽的这句话饱含着热爱北大荒、为建设北大荒的人所取得的成就倍感自豪的思想感情。北大荒景美物丰，人更值得钦佩、赞颂，它确实"哪儿也比不上"。此时，学生才能真正领略到语言内在的意蕴。

3. 演绎直观图景

有时，一些生活情境还需要教师在课堂上直接提供给学生。比如，在理解感受课文语言时，利用幻灯片、录像、表演等再现课文描绘的情境。《千里跃进大别山》一课，写刘伯承司令员讲的三句话中的插入语："刘司令员扶了扶眼镜，用手指在地图上一划，接着说……"对此，学生质疑："当时情况那么紧急，他怎么在作指示时还有时间'扶了扶眼镜'，这不是浪费时间吗？""为什么用手指在地图上一'划'而不是一'指'？"这时，教师让全班学生集中注意力看录像表演刘伯承说这段话时的动作，进行体会。通过观看，学生感受到"刘司令员扶眼镜这一动作显得他很有学问、很有风度，这是他思考问题时的一个习惯性动作，同时也可能是为了更清楚地看军用地图，从而来确定作战的突破口，这不是浪费时间。"接着，教师做"一指"和"一划"的动作，引导学生体会"一指"只限于一点且缺少神韵，而"一划"既应和了第一句话中的"从这里打开一条通路"更与"扶了扶眼镜"的动作描写一致，展现出刘伯承司令员的儒将风采。通过这样的演示带领学生体察到包蕴在平实的语言中的形象感。

二、引导学生在确切把握词义的基础上揣摩比较

语感具有经验性，只有通过反复实践，才能得以熟练化、自动化。因而在语感训练中，必须有意识地给学生提供语言实践的机会，带领学生对语言进行比较、品味、分析，引导学生体会语言间的细微差别，从而积淀语感。在阅读教学中，语言的比较分析主要采取的是变换课文中的语句与原文相比的形式。这是因为，课文语言简洁流畅，优美生动，易一字、少一词或语序变动，都会损及原文语言的整体和谐及内在意蕴。若教师能有意识地变动语句，则可引发学生对语言质量的辨识，使学生语言的敏感性、准确性得以逐步形成。

1. 删减比较

删减比较是把某个要重点体味的词拿掉，然后跟原句比较。比如，《我的爸爸》中有一幕写孩子等爸爸的情景："等啊，等啊，等来的不是爸爸，还是电话。"训练时，教师故意删掉一个"等啊"和一个"还"字，让学生体会这样删词行不行。经过讨论得出：一个"等啊"，看不出等了多久，而两个"等啊"就可以看出孩子等爸爸的时间很长很长，也写出了孩子等爸爸急切的心情。删了"还"字也不行，从"还是电话"中我们可以看出孩子等爸爸的次数非常多，可以得知爸爸为了工作很少回家。

通过这样一删减，学生便从中发现了问题，找到了语言规律，获得了语言感受。

2. 调换比较

调换比较，是把要重点体会的词换成一个与之意思相近的词，再与原词比较，体会两者的不同。比如，《鸬鹚》中有一句："渔人站起来，拿竹篙向船舷一抹，鸬鹚就都扑着翅膀钻进水里去了。"这里的"抹"字用得非常传神。为了让学生体会它的韵味，可以让学生试着换一个词，如"挥、赶、敲"等，但换成这些词都失去了原文的韵味。"抹"是那么轻轻巧巧，毫不费力，好像渔人手中拿的不是几米长的竹篙，倒是一片羽毛，一缕轻纱。这个"抹"字写出了渔人动作的熟练，也写出了鸬鹚的训练有素。这样，抓准关键文字，咀嚼

出了精妙词语的个性特征，轻易品味出了它的神韵。

3. 增加比较

增加比较，就是在原文上增加修饰成分与原文进行比较，体会两者的不同。比如，课文《杏儿熟了》中写过路人羡慕杏树上杏子长得好的话："呵，好杏儿呀！"教师可将这句话增改为："呵，树上结满了好杏儿呀！"让学生比较体会哪句更好。学生诵读后，觉出原句是过路人看到满树黄澄澄的杏儿情不自禁地、由衷地发出的赞叹，而增改后的话虽完整，却不如原句亲切、简洁、传神，使学生从中得到语言形式感的熏陶。

4. 改动比较

改动比较，是指改动原文中的语言叙述的顺序与原文进行比较。比如，《狐假虎威》中有一句话："狐狸和老虎一前一后，朝森林深处走去。"教师有意改动为："老虎和狐狸一前一后，朝森林深处走去。"让学生联系上文体会"狐狸带老虎到百兽面前走一趟"，从"带"字可知老虎在后，狐狸在前，如果调换了次序，意思表达就不准确了。

由此可见，比较是认识事物的重要方法，也是理解语言、掌握语言、形成语感的重要手段。在阅读教学中，需重视并抓好比较训练，经常性地引导学生比比、读读、想想、讲讲，增加学生揣摩语言、进行语言实践的机会。

三、把朗读和想象结合起来，激起学生鲜明的内心视像和情感体验

学生富有感情地朗读是对语言文字有敏锐感觉的表现。而朗读要达到"以声传情"，要在朗读时边读边想，让作品中的形象清晰而具体地浮现在自己的头脑里，也就是说，要激起鲜明的内心视像。

1. 再造想象

想象，是人在头脑里对记忆表象进行分析、综合、加工、改造，从而形成新的表象的心理过程。阅读中的再造想象，是以学生的生活表象为基础，再现作品中的生活图景的心理过程。比如，学习李白《望庐山瀑布》一诗，仅靠抽象的分析综合，或教师具体生动地讲解，学生往往难以体验诗中所蕴含的感情。只有当教师引导学生对"日照"下的香炉峰、"挂前川"的瀑布、"直

下"的"飞流"、"落九天"的银河,展开丰富的想象,才能领悟庐山瀑布的壮阔气势和作者气贯长虹的胸襟,以及对祖国壮丽山川的热爱之情,才能体验到诗的内涵与意蕴。

2. 连续想象

通过连续性想象连接语言所描述的各个画面,以达到对内容的整体把握。也就是说,不是停留在一个画面上,而是在想象中放映"电影",把一个个画面连起来,从整体上把握作品的内容和基调。比如,《十里长街送总理》一文写了人们"盼灵车—等灵车—望灵车—追灵车"的过程。可以让学生在头脑中将这一过程变为动的画面,使课文内容像放电影一样,在学生头脑里一幕幕闪现,使他们有身临其境的感觉,从而获得语感。

3. 推测想象

推测想象,是对语言所描绘的画面以外的内容进行揣度,即根据作品中的一些概括性描写或暗示,引导学生进行想象,从而实现对作品所描述的内容、情感有更深刻的感受。比如,《穷人》一文中,课文最后写道:"桑娜拉开了帐子。"此时,教师引导学生推测想象"桑娜和渔夫会说些什么?想些什么?"激发学生大胆想象,合理猜度,获得语感。在阅读教学中,把朗读与想象结合起来,不仅能加深学生对语言文字的理解,更能培养他们丰富的语言感受力,增强语感。

总之,在阅读教学中,丰富儿童的生活积累,多方联系已有生活经验,引导学生在确切把握词义的基础上揣摩比较,把朗读和想象结合起来,激起学生鲜明的内心视像和情感体验,这就是在阅读教学中培养小学生语感的最基本的途径。

(此文发表于《楚雄师院学报》)

参考文献

全国小学语文教学研究会秘书处.面向二十一世纪深化语文教学改革［M］.北京:人民教育出版社,2000.

阅读教学案例——语感培养

人教版小学语文四年级下册《触摸春天》教学设计及评析

（楚雄州"省级"小学语文名师工作室成员示范课）

教材分析

《触摸春天》是人教版小学四年级语文下册第五单元"热爱生命"中的第一篇课文。这是一篇短小精悍、语言简洁、意境隽美的抒情散文。作者吴玉楼给我们讲述了一个春天的早晨，8岁的盲童安静奇迹般地捉住了一只蝴蝶，并且在细细地感受到春光后，又把这只蝴蝶放飞了的故事。这个故事所给予学生们的是：感受盲童对生命的热爱，感受作者对生命的关爱，从而懂得珍爱生命和热爱生活。

教学目标

（1）通过对重点句子的理解，体会盲童安静是怎样触摸春天的。
（2）通过体会安静触摸春天的举动，懂得热爱生活就能创造缤纷的世界。

教学重难点

理解课文中含义深刻的句子，体味安静的内心世界，感受盲童对生活的热爱，感受作者对生命的关爱。懂得珍爱生命、热爱生活是课文理解的重点，也是课文的难点。

教学过程

（一）理解诗意的课题

（1）师：这节课我们一起学习一篇很有诗意的文章——《触摸春天》（生齐读）。

（2）揭示课题。

① 有谁知道"触摸"是什么意思？

② 你能说说对课题的理解吗？

字面上的意思是这样，但似乎又不大合常理，因为这课题太有诗意了，也许作者也无法用语言给它一个准确的定义，所以只有用我们的心灵去感受。

师：今天，就让我们随着课文走向一个诗意的女孩，走进她诗一般的内心世界。

（3）再读课题。

（评析：通过对课题中的关键词"触摸"的理解，引导学生从课题感受作者诗一般的语言，激发学生学习的兴趣。）

活动一：认识诗意的女孩

（1）选择自己喜欢的一种方式自由朗读课文，边读边思考：在文中，你认识了怎样一个女孩？

（2）小组内交流自己的看法。

（3）小组代表交流分享。

（4）教师梳理提升：

① 听了你们的介绍，我的眼前仿佛出现了这样一幅画面：春天来了，小区的绿地上花繁叶茂。桃花开了，月季花开了。浓郁的花香吸引着蝴蝶在花间飞舞，勤劳的蜜蜂在花丛中采蜜，小鸟在枝头尽情歌唱。这浓郁的花香也引来了的盲童——安静整天在花香中流连。（课件展示春天的美景）

② 孩子们，让我们一起有感情地朗读第2自然段，去感受春天的美好。（生齐读）

③ 真美！是啊，春天在我们的眼里是多姿多彩的，可在盲人的眼里却是……（出示一幅黑画面）（生答：一团漆黑）然而，对生活的热爱使安静以

她独特的方式感受着春天的美好。

过渡：安静是怎样去感受到春天的美好的呢？让我们再次走进课文，仔细品读安静感受春天的句子。

（评析：通过感受春天的美景，再通过课件的图片——春天美景图、一幅黑画面，引导学生对比感受盲人与我们眼里的世界的不同，从内心深处认识充满诗意的小女孩——安静。）

活动二：感受诗意的春景

（出示学习提示）自由阅读学习提示。

学习提示：

（1）默读课文，用"＿＿＿"勾画盲童安静怎么感受春天美景的句子，并在句子旁边写出自己的理解和体会。

（2）小组内交流。

（3）小组代表交流分享。

（4）教师梳理提升：

安静是怎样感受春天的美好的呢？谁来说说你勾画的句子的意义。

① 安静在花香中流连，感知安静用多种感官感受春天。

出示句子一：浓郁的花香吸引着安静。这个小女孩，整天在花香中流连。

体会"闻"：

第一，你从这句话中体会到了什么？

第二，从哪儿体会到的？

第三，其实，喜欢花园也就是喜欢春天，谁能通过朗读表现出安静对花园的喜爱？（生读）

第四，安静整天在花香中流连，她都闻到了怎样的花香呢？

第五，刚才这名学生不但想象到了安静闻到了怎样的花香，还想象到了究竟是哪种花的香味，你真会通过触摸文字去触摸安静的心灵。谁还能说说安静有可能还闻到了什么花香？

第六，谁来读读这句话，让我们也仿佛闻到浓郁的花香。（抽生读）

第七，我感觉只有淡淡的花香，谁再来读，让我们闻到浓郁的花香。（抽生读）

第八，还是没闻到浓郁的花香。这样吧，老师来读读这两句话，看你们能不能闻到浓郁的花香。（师范读，学生响起掌声）

第九，谢谢大家的鼓励，你们再来试试。（抽生读—齐读—评价）

体会"触摸"，体会"聆听"：

过渡：安静在花丛中除了闻到了花香，还可能触摸到了什么？听到了什么？

引导：孩子，安静触摸到了什么样的月季花呢？你一定能把句子说得完整而且很美的。

过渡：在花丛中流连的安静还可能听到了……

小结：是啊，安静虽然眼睛看不见，但她却用心灵感受到了：原来春天就是那醉人的芳香，就是那娇柔艳丽的花朵，就是那优美悦耳的鸟鸣。好一个诗意的女孩。让我们再读读这句话，去感受安静那诗意般的内心世界。（生齐读）

过渡：还有哪些句子可以看出安静在感受春天的美好？

②品"拢住"和"惊讶"，感悟安静用心灵把握春天的脉搏。

安静在一株月季花前停下来。她慢慢地伸出双手，在花香的引导下，极其准确地伸向了一朵沾着露珠的月季花。

第一，学生汇报。

第二，自由读句子。

第三，她把手伸向月季花是要干什么？（生：摸花、摸蝴蝶）

过渡：安静伸向月季花的双手触摸到了什么？

出示句子：安静的手指悄然合拢，竟然拢住了那只蝴蝶，真是一个奇迹。睁着眼睛的蝴蝶被这个盲女孩神奇的灵性抓住了。

第一，抽生汇报。

第二，齐读句子，体会安静拢住蝴蝶后的心情。

第三，抽生谈体会。

第四，安静想到自己会拢住蝴蝶吗？从哪个词可以看出来。（竟然）

师：谁能给"竟然"换个词？请再读读句子。

第五，除了高兴，安静还——（惊讶），指导学生模仿安静惊讶的表情进行朗读。

第六，齐读体会安静兴奋、惊讶的内心世界。

第七，孩子们，让我们合拢双手、闭上眼睛，此时你就是安静，蝴蝶在你的手指间扑腾。安静，你感受到了什么？

第八，蝴蝶在安静的手指间扑腾，安静似乎还听到蝴蝶说了些什么。

第九，小结：安静虽然什么也看不见，但她从蝴蝶的扑腾中感悟了蝴蝶对生命的珍惜和强烈的求生欲，从而感受到了春天是那样富有生机与活力。

过渡：在春天的深处，安静就这样细细地感受着春光。引下句。

③品"张望"，感悟安静用想象创造多姿多彩的春天和缤纷的世界。

出示句子：许久，她张开手指，蝴蝶扑闪着翅膀飞走了，安静仰起头来张望。

第一，学生读。

第二，安静不是什么也看不见吗，作者怎么还写她张望呢？

第三，小结：孩子们说得太好了。安静的眼睛虽然失明了，但她心灵的窗户并没有关闭。

出示练习：许久，她张开手指，蝴蝶扑闪着翅膀飞走了，安静仰起头来张望，她仿佛看见了＿＿＿＿＿＿＿＿＿。

小结：说得多好啊！这个富有诗意的盲女孩，凭着对春天的热爱，对生活的热爱，用心灵的眼睛看到了多姿多彩的春天，看到了整个缤纷世界。（板书：缤纷世界）

（评析：教师通过引导学生进行不同层次的读关键句，抓关键词，体会盲童安静用她特有的感官去触摸春天。看不见，她可以闻，可以聆听。学生抓住文中的关键句，细细体会，跟着盲童安静一起感受春天的美丽。再通过抓关键词"拢住""惊讶"和"张望"，感悟安静那诗意般的内心世界。引导学生扮演安静，闭上眼睛，静静感受，真有一种身临其境的感受。）

（二）整体回顾，揭示主题

（1）站在一旁的作者被安静的举动深深地打动着，所以他没有惊动安静，因为在这个清香袅袅的早晨，安静告诉他这样的道理。

（2）出示句子：谁都有生活的权利，谁都可以为自己创造一个属于自己的缤纷世界。

① 课文中指谁有生活的权利，创造了一个属于自己的缤纷世界呢？

生：课文中指安静有生活的权利，安静创造了一个属于自己的缤纷世界。

② 把句子中的谁换成安静再读。（学生读）

③ 安静的举动打动了作者，也触动了老师。由此，我也想到了这样一群姑娘，她们又聋又哑，一直生活在无声的世界里。但是她们凭着对生活的热爱，对生命的渴望，刻苦训练，终于用美妙绝伦的舞蹈《千手观音》带给世人艺术的享受，也为自己创造了一个用心灵感受优美旋律的缤纷世界。（课件《千手观音》舞蹈欣赏）

④ 孩子们，想一想，在我们身边，还有哪些人也创造了一个属于自己的缤纷世界？（生回答）

师：孩子们，你们说的都是名人，再想想我们身边的人。（生回答）

师：孩子们，其实还有你们自己。在今天的课堂上，因为你们积极地思考、精彩的发言、深情地朗读，同样创造了属于你们的缤纷世界。

⑤ 师总结：孩子们，双目失明的人能为自己创造缤纷的世界，聋哑人能为自己创造缤纷世界。

（评析：由此及彼，揭示课文的中心，只要我们心中有爱，爱自己、爱生活，爱我们身边美好的一切，我们都能创造一个属于自己的缤纷世界。）

板书设计：

触摸春天

安静——奇迹　　闻　聆听

　　　　　　　　　　　　　　　 热爱生命　珍惜生命

（盲童）　　　　拢住　张望

《触摸春天》教学反思

本课的教学，我以两个活动展开，抓住"诗意"这条主线来设计。活动一，认识诗意的女孩。通过认识女孩安静，知道安静尽管是一个盲童，但是她的内心却对生活充满了美好的愿望；活动二，感受诗意的春景。通过盲童对春天不同的感受，揭示全文中心——只要我们心中有爱，爱自己、爱生活、爱我

们身边美好的一切，我们都能创造出一个属于自己的缤纷世界。

在教学中，我根据本班学生的特点，通过指导读、示范读、感悟读、想象读等多种形式，让学生在朗读中感悟语言，在朗读中体会情感，在朗读中深化感受，并引导学生边读边在头脑中浮现画面，想象并且体会安静的内心世界，对理解句子含义起到了重要作用。

对于盲童世界的感悟，部分学生理解不够到位，所以感悟不深，理解不透。

《一画之师》——人教版小学语文二年级下册《画家和牧童》教学设计及评析

教材分析

《画家和牧童》是义务教育课程标准实验教科书语文二年级下册第六单元的第一篇课文。这是一篇生动的儿童故事，讲述了唐代一个牧童指出著名画家戴嵩画中的错误，戴嵩虚心接受的故事。赞扬了牧童率直不盲从、实事求是、敢于挑战权威的品德，以及戴嵩敢于面对错误，虚心谨慎、勇于接受批评的优秀品质。文章寓优秀的思想品质于生动的故事中。课文中，既有人物语言描写，又有动作描写。因此，教师在教学中应引导学生准确、流利、有感情地朗读课文，在读中认识生字，在读中积累语言，在读中发现主人公的优秀品质，感悟做人的道理。

教学目标

（1）会认13个生字，会写12个字。
（2）准确、流利、有感情地朗读课文，体会画家和牧童的优秀品质。
（3）理解课文内容，懂得要敢于挑战权威，也要谦虚谨慎。

教学重难点

重点：学会本课生字、新词，通过朗读课文，体会画家和牧童的优秀品质。

难点：理解课文内容，懂得要敢于挑战权威，也要谦虚谨慎。

教学过程

（一）赏画激趣，导入新课

（1）教师出示三幅戴嵩的画，配乐缓缓展示：看了这3幅画，你想说什么呢？（学生讨论交流）

（2）师：著名画家的画是否都是对的？都是美的？带着小朋友们的看法，今天让我们一起走进《画家和牧童》的故事。（板书课题）

（二）初读课文，自主识字

（1）引导学生用自己喜欢的方式读课文。要求：读准字音，读通课文中的每一句话。

（2）抽学生分自然段朗读课文，其余学生注意倾听读音是否准确，读完由学生简短评价。

（三）再读课文，整体感知

在小组内把自己读得最棒的段落读给组员听一听，同学之间互评，自己觉得读得不够好的段落请同学帮忙。

师：读了课文之后，你觉得画家和牧童各是怎样的人？（学生讨论交流）

口头填空：戴嵩是一个＿＿＿＿＿＿＿＿＿＿＿＿＿＿＿＿＿＿＿＿＿＿＿。

牧童是一个＿＿＿＿＿＿＿＿＿＿＿＿＿＿＿＿＿＿＿＿＿＿＿＿＿。

（评析：《新课标》倡导自主、合作、探究的学习方式。为尊重学生的好奇心、求知欲，充分激发学生的主动意识和探究精神，此环节采用了以读代讲的学习方式，以学生互评的评读方式，激发学生的朗读兴趣，促使学生较好的体会到了大画家戴嵩作画认真的态度和向小牧童求教的虚心精神以及小牧童敢于提出反面意见的精神。）

（四）朗读感悟，品味语言

师：课文用很美的语言给我们讲故事，无论是写人的对话，还是描写人的动作，都很生动。请小朋友们再轻声朗读课文，想一想：你喜欢课文中的画家还是牧童，为什么？请在课文中找到有关的句子，用"＿＿＿"画下来。

（学生在4人小组内互相交流自己的意见，说一说喜欢的原因，并读一读勾画的句子。推荐代表在全班交流。教师预设答案，在学生交流时适时引导。）

喜欢戴嵩：

（1）他擅长画画，是一位著名的画家。

课件出示句子：他的画一挂出来，就有许多人观赏。

师：谁能用自己的感受来读一读这个句子？

（全班学生带着对戴嵩的佩服之情来读一读这个句子。）

师：用"一……就……"说一句话。

课件出示句子：他一会儿浓墨涂抹，一会儿轻笔细描，很快就画好了。

师（在学生读句子后）：什么是浓墨涂抹？什么是轻笔细描？观看录像理解这两个词语的意思。

（在理解的基础上再次朗读）

用"一会儿……一会儿……"说一句话。

（评析：抓住重点语句不仅理解了课文内容，培养了说话的能力，而且也让学生在读中感知，从而达到训练的目的。通过字不离词、词不离句和在语境中反复地朗读、感悟，实现语言的积累。）

（2）戴嵩的画画得这么快，这么好！围观的人都来夸赞戴嵩。

师：找出课文中夸赞戴嵩的句子，学着他们的样子，练习夸一夸戴嵩。

师（出示《斗牛图》）：看着这幅图，谁来学着商人的语气夸一夸戴嵩，再学着教书先生的语气夸一夸戴嵩？还有哪些围观的人，他们会怎样夸赞戴嵩？

（学生在小组内练习夸一夸戴嵩，推荐几名同学在全班进行交流。）

师：戴嵩还是一位虚心的画家。我们可以从哪些句子体会出来？

（学生讨论并勾画相关句子）

喜欢小牧童：

（1）因为他很勇敢。

（学生交流：是从哪些句子体现出来的？）

（2）因为小牧童观察得非常仔细，勇于指出画家的错误。（学生交流：你是怎么体会出来的？）

师：你想对戴嵩和小牧童各说一句什么话？

95

课件出示：我想对戴嵩说：_____。

我想对小牧童说：_____。

（评析：入情入境的体会人物的优秀品质。这样既让学生养成善于观察、敢于表述自己真实感受的习惯，也有助于提高学生的读写能力。）

（五）感情朗读，总结课文

（1）各小组选择自己喜欢的朗读方式有感情地朗读课文。（提示：可以分角色朗读，可以一人朗读一段。）

（评析：在朗读指导方面，采取灵活多样的手段把学生带入到语言文字所表述的情境中，入情入境地体会文中人物的情感，进而创设了一种想读、爱读的读书氛围。）

（2）想一想：著名画家画的画是否都是对的？都是美的？从这篇课文的学习中，你感受到了什么？

（3）教师归纳：无论什么样的人都会出现错误，我们要留心观察生活，实事求是，勇于指出别人的错误，又要虚心接受别人的批评和建议，这样才能不断进步。

（六）拓展延伸，升华认识

（1）除了唐朝画家戴嵩画的牛，我国还有许多以画动物闻名的大画家，我们一起去欣赏他们的作品。

（2）课件出示：齐白石画的虾，徐悲鸿画的马，李苦禅画的鹰。

（3）请在3幅图中选择一幅你喜欢的作品，为它配上你想说的话，想到什么就写什么，不会写的字用拼音代替。

（七）课后作业

收集有关中外名人虚心改错或勇于提出宝贵意见的故事。

（评析：收集故事，利于学生信息的积累。）

板书设计：

画家和牧童

画家——戴嵩（著名）——画错——虚心

和

牧童————————勇敢

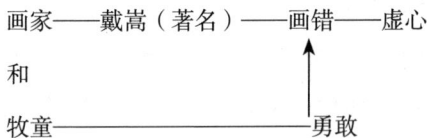

（此文发表于《云南教育》2009年第4期）

《画家和牧童》教学反思

这节课的教学过程中，我主要抓住"你喜欢哪个人物？为什么？"为切入点来展开教学。通过指导学生采用"从动作和语言看出人物的特点"进行指导阅读理解感悟。教学中侧重朗读指导，读出人物的语气，从朗读中感悟，同时注重阅读方法的指导，如圈画勾点、用"＿＿＿"画出动作、用"﹏﹏﹏"画出语言，并指导画出完整的句子。

通过教学实施，以下几个方面做得比较好。

一、教学设计清晰，重点突出，难点得以突破

通过戴嵩的3幅画引入新课，使学生在脑海中留下"著名画家"的深刻印象，再通过深入学习了解戴嵩和牧童各是怎样的人，来感悟戴嵩的谦虚、牧童的勇敢。

二、注重阅读方法的渗透，注重教材的延伸

我以"课内学方法，课外会应用"的教学指导思想为主旨，结合二年级学生在阅读方法上的不足，注重加强阅读方面的训练。以"从细节中了解人物特点"的阅读方法入手，围绕"动作"和"语言"引导学生找出相关句子，并通过朗读进行扎实训练。

三、小组合作具有实效，课堂效率高

以小组合作的学习方法，通过对戴嵩和牧童持有的不同观点，发表自己的不同见解，引导学生自主学习、合作探究，使学生在合作过程中对人物的不同描写方法有所了解，通过展示交流对该方法进行训练。

四、需要改进的地方

（1）对于二年级的学生来说，在表达自己的意见时，教师一定要注意引导学生说完整的话，说明白的话。

（2）学生在小组合作时，分工一定要细致，每个人做什么要有具体安排，不能随性，因为对于低年级的学生来说，习惯、规矩的养成是最重要的。

统编版三年级上册《秋天的雨》教学设计及评析

（云南省"国培计划"项目小学语文甘清梅名师工作坊坊主示范课）

教材分析

九年义务教育统编版三年级语文上册第二单元第六课《秋天的雨》，是一篇抒情意味很浓的散文。作者抓住秋天的特点，以秋雨为线索，将秋天众多的景物巧妙地串起来，带出一个美丽、丰收、欢乐的秋天。使学生通过课文生动的描写，体会秋天的美好，感受课文的语言美。课题名为秋天的雨，实际在写秋天。课文内容丰富多彩，作者抓住秋天的特点，从秋天的到来写起，写了秋天缤纷的色彩和秋收的景象，还有深秋中各种动物、植物准备过冬的情景。

教学目标

1. 知识目标

（1）有感情地朗读课文，读出作者对秋天的喜爱和赞美之情。

（2）读懂课文内容，在读中感悟秋天的美好，理解课文描写的景物特点。

（3）通过查阅资料和生活中已有的经验，结合课外知识训练口语表达能力。

2. 情感目标

读懂课文内容，感悟秋天的美好，激发学生观察自然的兴趣，培养学生热爱自然的感情。

3. 能力目标

（1）培养学生理解语言文字的能力，从而初步培养学生了解文章主要内容，感悟文章思想感情的能力。

（2）训练学生查阅资料，积累生活经验，培养学生搜集、整理、提取信息的能力。

（3）培养学生养成观察、积累的语文学习习惯。

教学重难点

重点：引导学生通过课文生动的描写，体会秋天的美好，感受课文的语言美。

难点：课文使用了多种修辞方法，或把秋雨人格化，或把秋雨比喻成生活中常见的东西和事物。这些被艺术化的语言，给学生的理解带来一些困难。

教学过程

第一课时

（一）欣赏秋色，育情导学

（1）导语：同学们，秋天的雨把秋天的大门悄悄地打开，展现在我们眼前的是一幅怎样的画面？你们想知道吗？（展示课件）

（2）你们欣赏到了什么？

（3）让我们一起走进这绵绵秋雨，来听听雨声，感受秋天的美吧！

（4）板书课题，齐读两遍。

（评析：上课伊始，教师就通过秋天美丽景色的图片，带领学生进入了秋天。使学生在秋天的意境中进入学习，激发学生学习的情趣。）

（二）词句引领，邂逅秋雨

（1）请同学们打开书本，自由朗读课文，要求读准词语，把句子读通顺。

（2）学生自由朗读课文。

（3）检查词语。

①黄色、红色、金黄色、橙红色、紫红的、淡黄的、雪白的。

② 轻轻地、香香的、甜甜的、厚厚的、油亮亮的。

③ 扇哪扇哪、飘哇飘哇、你挤我碰、争着、频频点头、勾住。

第一组词指名读，正音。（提示：这些词语都是表示颜色的词语）

第二组词语，男女生分组读。

你发现这组词语有什么共同特点？指导叠词的读法：要求轻读"的"，使轻的更轻了，香的更香了，再指名读、齐读、跟读。

第三组：老师给大家带来一组可以做动作的词语，同学们可以加上自己的动作，读好它。（抽学生加动作读词，全班跟读。）

（4）检查句子。

下面的句子更长了，但读起来也更有味道了。

出示句子：

① 秋天的雨，是一把钥匙。

② 秋天的雨，有一盒五彩缤纷的颜料。

③ 秋天的雨，藏着非常好闻的气味。

④ 秋天的雨，吹起了金色的小喇叭，它告诉大家，冬天快要来了。

⑤ 秋天的雨，带给大地的是一曲丰收的歌，带给小朋友的是一首欢乐的歌。

总结：咦，大家发现了吗？这5句话连在一起就是一首小诗，一首赞美秋雨的小诗，它包含了无限的情趣和韵味，咱们一起来读读这首小诗吧！

（评析：教师通过版块式教学，让学生在读词语中感受秋天的韵味，在读句子中领悟秋雨的色彩。）

（三）朗读体会，感悟秋雨的色彩

导语：多么有趣的小诗啊！更有趣的是，小诗里的这些句子都藏在课文中各段的第一句里；最有趣的是，每段的内容都是围绕这些话展开的。不信？让我们再去读读文中的句子。边读边思考课文是从哪几个方面来写秋雨的。

要求：

（1）快速浏览课文，独立思考问题。

（2）小组内讨论交流。

（3）小组代表交流分享。

（评析：充分发挥小组合作学习的优势，在小组内达成共识，取长补短，真正达到合作交流的目的。）

（4）教师梳理提升。

①谁能说一说，课文是从哪几个方面来写秋雨的？

引导学生：课文是从秋雨的色彩、气味和小动物过冬等方面来写秋雨的。
（根据回答进行板书）

②感悟"五彩缤纷"。

第一，刚才有小朋友说秋天是一个神奇的魔术师，它给植物带来了漂亮的
颜色。那秋雨这位神奇的魔术师究竟给秋天带来了哪些颜色呢？

第二，请小朋友们默读课文的第2自然段，一边读一边用圆圈圈出描写颜色
的词语。

第三，抽学生说。

这么多颜色，多漂亮呀！请你们有感情地读一读。（抽读、跟读、齐读）

第四，理解"五彩缤纷"的意思。引导：根据上下文理解词语的意思是一
种很好的学习方法，值得推荐。

③交流感悟。

第一，用"＿＿＿＿＿"把你喜欢的句子画下来，自由地读一读。

第二，好了，小朋友们，现在我们一块儿来交流交流，谁愿意把自己喜欢
的句子读给大家听？

第三，根据学生交流，分别出示句子，指导朗读，引导感悟。

预设1：课件出示"你看，它把黄色送给了银杏树，黄黄的叶子像一把把小
扇子，扇哪扇哪，扇走了夏天的炎热"。

你把小扇子读得特别美，特别是"扇哪扇哪"让我们觉得真的有一阵阵凉
风吹来。你们见过银杏叶吗？我们一起来看看吧！（课件出示：银杏叶）瞧，
这就是银杏叶，它真的像——（生）扇子。

a. 这是一个什么句？把什么比作什么？

b. 引读形式品读句子：

如果这个句子改成："你看，它把黄色送给了银杏树，黄黄的叶子像一把
把小扇子，扇走了夏天的炎热。"请大家和原句进行对比，看看有什么不同，哪
一句更好？好在哪里？（"扇哪扇哪"，很生动，感觉到了扇子扇的凉爽。）

你体会得真好，能用朗读的方式把扇子带来的一丝丝凉意让我们感受一下吗？

c.指导读：现在，我们全班有四十几把小扇子，大家一起凉爽一下，好吗？

继续交流，谁能把他喜欢的句子读给大家听听。

预设2：课件出示"它把红色送给了枫树，红红的枫叶像一枚枚邮票，飘哇飘哇，送来了秋天的凉爽"。

a.老师听出你在读"飘哇飘哇"时，有意放慢了速度。你为什么这样读？

（因为树叶随风落下来时飘得很慢。多了个"飘哇飘哇"，我感觉到了枫叶在空中慢慢地飘落。）

b.你能用动作来表示吗？这一句又把枫叶比作什么？（枫叶像邮票）

c.是呀，火红的枫叶在秋风中翩然飘落，怪不得他读得这么好，原来他一边读一边想象着画面哪！我们来学学他的样子，一边想象一边把这段话有感情地读一读吧！

d.学生有感请地齐读，用右手做"飘"的动作。

过渡：秋天的雨用那盒五彩缤纷的颜料把银杏树和枫树打扮得如此美丽。孩子们，让我们也来说几个这样美丽的句子吧！

（课件出示填空题）

秋天的雨把_____色给了_____，_____像_____。

例：秋天的雨把黄色给了鸭梨，黄黄的鸭梨就像一个个小葫芦。

秋天的雨，把紫色给了葡萄，一串串葡萄就像紫色的水晶。

秋天的雨，把红色给了苹果，红红的苹果像小姑娘的笑脸，露出深深的酒窝，笑啊笑啊，盛满了秋天的美酒。

秋天的雨，把红色给了柿子，红红的柿子像一个个红灯笼，照啊照啊，照出了金色的秋天。

教师适时评价。（比如，老师觉得你真像个小诗人；多棒的句子，掌声送给这名同学……）

小结：孩子们，在你们的描绘中，秋天变得更加美丽了。（还有谁想读读自己喜欢的句子？）

预设3："金黄色是给田野的，看，田野像金色的海洋。"

这是个什么句子？把什么比作什么？

"一阵阵秋风吹过，那一望无际的田野仿佛翻起了层层的波浪，多么壮阔呀！"孩子们，你们从这片金色的海洋里感受到了什么？（田野丰收了）

预设4：（田野里丰收了，果园里是什么样呢？）

"橙红色是给果树的，橘子、柿子你挤我碰，争着要人们去摘呢！"

从这句话中的哪个词能看出果园丰收了？这个词在这里是什么意思？

你觉得它们真的会"你挤我碰"吗？这是把果子用拟人的修辞方法来写的。看来呀，作者太喜欢秋天了，把橘子、柿子当作了淘气的孩子来写，它们"你挤我碰"多有趣啊！还有喜欢的句子吗？

预设5："菊花仙子得到的颜色就更多了，紫红的、淡黄的、雪白的……美丽的菊花在秋雨里频频点头。"

a. 菊花仙子的颜色可多啦，还可能会有什么颜色呢？（生自由说，练习说表示颜色的词语）

b. 是呀，这么多漂亮的颜色写也写不完，书上就用了一个标点符号来表示，谁知道这个标点符号是什么？

c. 这个省略号告诉我们花仙子的颜色——（生：很多）。当我们读到这儿的时候，可以稍稍停顿一下，想想还有很多很多漂亮的颜色，一起来试一试！

总结：同学们，秋天的雨给我们带来了这么多漂亮的颜色，多美呀！你们看，金黄色的稻田、色彩鲜艳的果实、火红的枫叶、美丽的菊花，此时此刻，你想用这一段中的哪个词来形容它呢？（五彩缤纷）你还知道哪些表示颜色很多的四字词语？（五颜六色、五彩斑斓、万紫千红……）

孩子们积累的词语可真多！是呀，秋天的雨给我们带来了五彩缤纷的秋天、丰收的秋天，那就让我们一块儿带着快乐的心情，再把这美丽多姿的秋天尽情地欣赏一遍吧！（请生读）

（评析：教师教学中采用多种方式的读——自读、抽读、小组读、导读、范读等，引导学生理解、感悟秋雨的色彩。教给学生学习语文的方法——勾画圈点，使学生明白"不动笔墨不读书"的道理。抓住关键词、关键句子的理解，比如比喻句中本体、喻体的理解，拟人句，把什么当作人来写。仿说练习，省略号的用法，用寻找近义词的方法理解词语等。）

（5）配乐读文段，升华情感。

秋天的雨不仅为我们带来了五彩缤纷的色彩，还给我们带来了香甜的气味，也吹响了冬天的号角。我们下节课再继续细细感受秋天的雨吧！

板书设计：

秋天的雨 ｛ 黄色——银杏树——小扇子 / 红色——枫树——邮票 / 金黄色——田野——海洋 …… ｝ 五彩缤纷

《秋天的雨》教学反思

《秋天的雨》这篇课文以拟人、比喻的修辞方法，用优美的语句把秋雨的可爱、美好表现得淋漓尽致，通过秋雨这把"钥匙"，把绚丽多彩、五谷丰登、瓜果飘香的秋天展现在我们眼前。

课文结构不算复杂。第1自然段是总起，也是引子；第2自然段写了秋天的颜色——五彩缤纷；第3自然段写了秋天的味道——瓜果飘香；第4自然段写了秋天的预告——秋收冬藏；最后一个自然段跟第1自然段相互照应，赞美秋天。

首先，学习这一课时，我引导学生通过多种形式的读、欣赏美图来达到使学生喜爱秋天的教学目标。在教学过程中，我发现这篇课文也是一篇习作范文。怎样写出自己喜爱的季节呢？从写作修辞方法上来看，多运用拟人、比喻的方法。课文中共有8句比喻句，9句拟人句。所以，在教学中，我除了引导学生读好、理解好这些句子的妙处之外，还引导学生仿照句子讲几句比喻句和拟人句。比如，秋天的梨熟了，挂在树上，像什么呢？秋天的玉米成熟了，露出的一排排玉米粒像什么呢？它们要向辛劳了一年的人们说些什么呢？学生发言都比较积极，通过这些句子训练，即使在习作中不能运用到，也能够帮助学生了解什么是比喻句和拟人句。其次，我抓住第2自然段中的"它把黄色给了银杏树，黄黄的叶子像一把把小扇子，扇哪扇哪，扇走了夏天的炎热"句，鼓励学生说说秋雨还把什么颜色给了哪些植物，这些植物又会怎样。比如，它把（　　）色给了大南瓜，金黄金黄的大南瓜像一个个（　　　　），把丰收的喜悦带给了辛勤劳动的人们。学生在我的启发下，想了好几个好句子，我指名让他们朗读自己所写的句子，并肯定他们敏捷的思维。学生的兴致很高，我及时要求他们在今天的日记上写一段描写秋天的短文，并且用到这些句子。

我认为，语文教学的真正意义是辅导学生学好语言。语言的学习积累除了口头会讲以外，还要会用笔有条理、有文采地写下来，达到"开口语惊人，提笔文采现"的效果。

上课过程中，对于朗读的指导用时过长，导致学习任务没有完成是一大遗憾。学生对文本的理解感悟不够深刻是另一个遗憾。

人教版小学语文四年级上册《卡罗纳》教学设计及评析

教材分析

《卡罗纳》选自亚米契斯所著的《爱的教育》，是一篇略读课文。课文讲述的是小男孩卡罗纳在遭遇失去母亲的巨大不幸时，身边的人真诚地理解他，热情地安慰他，默默地关爱他的故事。文章语言生动，描写细腻，字里行间透露出人们对卡罗纳的爱，很容易引起学生情感上的共鸣。因此，教师在教学中应引导学生从课文讲述的故事中，体会人与人之间真诚理解、互相关爱的情感。通过阅读，学习作者抓住人物的语言、动作和神情进行细致描述的写作方法。

教学目标

（1）认识5个生字。

（2）正确、流利、有感情地朗读课文，读出人们对卡罗纳的关爱之情。

（3）读懂课文内容，激发学生关爱他人、帮助他人的情感。

（4）能在这篇课文的引领下，阅读《爱的教育》，提高自身的品德修养。

教学重难点

重点：引导学生了解人们在卡罗纳遭遇不幸的时候是怎么做的，并交流各自的体会和感受。

难点：有感情地朗读课文，并体会人物的情感。

教学过程

（一）推介新书，揭示课题

同学们，一部好的文学作品令人百读不厌。今天，老师特地带来一本书，这本书曾经在19世纪轰动了意大利文坛，并且先后被翻译成了多种文字，在世界各国广为流传。这本书就是《爱的教育》。

今天，就让我们一起来认识书中的一个人物——卡罗纳。（板书课题）

（二）初读课文，扫清障碍

（1）请同学们各自轻声朗读课文，边读边勾画出带有生字的词语，多读几遍，读准字音，读通句子，遇到长句时多读几遍，并用序号标出自然段。

（2）同桌交流：课文讲了一件什么事？

（三）再读课文，感受不幸

（1）卡罗纳遭遇了什么不幸？此时的卡罗纳是什么样子的？请同学们放声朗读课文，找出相关语句，用"_____"在课文中勾画出来，并在旁边写上自己的体会。

（2）学生交流体会，教师适时引导。

①可怜的卡罗纳来到了学校。

他面容灰白，眼睛哭红了，两腿站不稳，好像他自己也大病了一场似的。

第一，说说自己的体会，你发现了什么？有什么想说的吗？指名朗读，请把这种感受读出来。（从卡罗纳的外貌、神态、行动中感受到了他的可怜与不幸。）

第二，这样的句子，课文中还有很多，请找出来读一读，读出自己的感受。

②指名朗读各自找到的句子。

第一，卡罗纳的母亲病得很厉害，卡罗纳很多天没来上学了。

想一想：这几天卡罗纳会做些什么呢？

第二，卡罗纳走进教室，突然放声大哭起来。他一定是想起了往日的情景。那时候，母亲差不多每天都来接他；要考试了，母亲总是俯下身来向他千叮咛，万嘱咐。

第三，卡罗纳翻开书，当他看到一幅母亲拉着儿子的手的插图时，突然双手抱住脑袋，趴在桌子上号啕大哭。

仔细读读第二、第三两句话，你有什么发现？

理解"放声大哭"和"号啕大哭"。

和同桌交流一下，他为什么哭？

读出自己的感受来（指名读）。

（3）教师总结学习方法。

（评析：引导学生抓住重点词句，通过分析人物的语言、神态、动作，深入体会人物的情感，指导感情朗读，读出卡罗纳的伤心与痛苦。）

（四）细读课文，感受幸福

（1）卡罗纳失去了母亲，遭到了巨大的不幸，他是一个多么可怜的孩子呀！他失去了母亲，今后的生活将会是怎样的呢？此时的他最需要的是什么？周围的人们又是怎样表达对卡罗纳的爱的呢？

（2）教师出示"导读提纲"，请同学们以小组为单位，按照"导读提纲"仔细读课文，并在小组内与同学交流。

① 当知道卡罗纳所遭遇的不幸时，老师是怎么做的呢？

② "我"和同学们是怎样传达对卡罗纳的关爱的？

③ 当"我"跑过去扑进母亲的怀抱时，她为什么把"我"推开？你从母亲的"目不转睛"中读懂了什么？"我"恍然大悟了什么？你是从哪里读出来的？

（评析：将学生置身于同学和卡罗纳的直接对话中，使学生产生情感的波动，对话中加深了关爱的情感。引领学生寻找感受周围的人对卡罗纳的爱的词句，从动作、眼神、心理等方面捕捉爱及感受爱。）

（3）学生读读、画画、议议。教师适时指导交流。

（五）欣赏评价，升华情感

（1）面对遭遇不幸的卡罗纳，大家以不同的方式传递着一种相同的关爱，假如你是卡罗纳的同学，你会为他做些什么？

（2）对于关爱卡罗纳的人们，你是怎样看的？请你选择其中的一个发表你自己的看法。

（3）卡罗纳是不幸的，因为他失去了母亲，但卡罗纳又是幸福的，因为他身边有那么多疼他、爱他的人。在这么多爱的关怀下，心头的悲伤会渐渐消退。同学们，让我们去爱身边的每一个人。关爱他人是一种美德，它能给人以春天般的温暖，正因为这个世界上有了爱，我们才有了幸福和快乐。让我们有空读读《爱的教育》，它将提升我们爱的情感。

（评析：努力做到工具性与人文性的统一，追求知识与能力、过程和方法、情感态度和价值观的教学目标达成。对学生关爱他人美好品德的形成和正确的情感态度和价值观的培养，要在朗读中潜移默化，在过渡语、小结语、激情语中不断渗透。）

（六）拓展练习

（1）给卡罗纳写一封信，让他心头的悲伤早日消退。

（2）积累课文中最令自己感动的语句。

（3）读一读《爱的教育》一书。

（评析：以一篇文章为引子，激发学生阅读整本书的兴趣。）

板书设计：

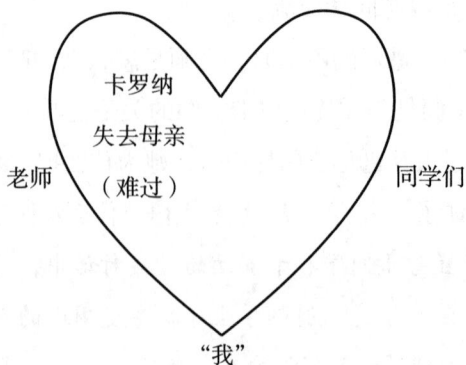

（此文发表于《云南教育》）

《卡罗纳》教学反思

《卡罗纳》是一篇略读课文，在教学时我主要围绕课前导语——默读课文，看看面对遭遇不幸的卡罗纳，大家是怎样做的。再说说你从大家的言行中受到了什么启发来设计教学的。教师通过引导学生抓住关键词句，分析人物的语言、神态、动作，理解感悟人物的情感。交给学生学习语文的方法，渗透语文要素。以这篇文章为引子，推荐《爱的教育》这本书，提倡学生阅读整本书。

对于略读课文的教学，在引导方面做得多了些，说得也多了些。要充分发挥学生学习的主动性，放手让学生学会自主探究、自主合作学习，效果会更好。

人教版小学语文四年级上册《那片绿绿的爬山虎》教学设计及评析

教材分析

《那片绿绿的爬山虎》是人教版小学语文四年级上册第七组课文中的一篇精读课文。课文通过叶圣陶先生给"我"修改作文和邀请"我"到他家做客这两件事，刻画了叶圣陶先生认真工作、平易近人的形象。在叶老家做客时，作者两次提到了院子里满墙的爬山虎：一是下午刚进院时看到阳光照耀下的绿绿的爬山虎，二是黄昏时分落日余晖映照下的爬山虎。两次景色都给人以不同的美的享受，表面上是写景色之美，实际上是把作者的心情暗藏在文字的深处，让人回味无穷。

教学目标

（1）学会本课的生字、新词，联系上下文理解生字、新词的意思。

（2）有感情地朗读课文。

（3）学习结合上文理解含义深刻的句子的意思。

（4）感受和理解叶圣陶先生平易近人、真诚宽厚的人格魅力。

教学重难点

重点：学习结合上文理解含义深刻的句子的意思。

难点：感受和理解叶圣陶先生平易近人、真诚宽厚的人格魅力。

教学过程

（一）导入新课

（1）屏显老虎的图片，引出课题。

（2）师生共同板书课题。

（评析：通过老虎的图片导入新课，目的是引导学生关注"虎"的书写，同时引起学生关注"爬山虎"，激发学生学习的欲望。）

（二）初读课文，读准字词

（1）学生自由地、大声地朗读课文，读准字音，读通句子，难读的地方多读几遍。

（2）小组内互读生词，不会读的字音相互教一教，教师适时指导。引导学生理解"推荐""楷模"，指导书写"荐"，提示上课要记笔记。

（评析：扫清字词障碍，通读课文，在理解生词的时候，注意教给学生学习语文的方法：联系上下文理解词语、借助近义词理解词语等。）

（三）再读课文，整体感知

（1）学生快速浏览课文，思考：这篇课文主要写了什么？

（2）小组内讨论交流。

（3）小组代表分享，教师梳理提升：

①叶老先生指的是谁？"我"指的是谁？

②修改作文是从第1自然段开始到第几自然段呢？

③邀请做客是从课文的哪个自然段到哪个自然段呢？

④根据板书，说一说课文主要讲了什么内容。

⑤明确：本节课我们将跟随肖复兴一起到叶圣陶家做客，下节课我们再来学习修改作文的方法。

（评析：厘清文章脉络，确定本节课的学习重点。）

（四）走进课文，认识叶老

问题：你觉得叶老先生是个怎样的人？

（1）默读课文的第6～10自然段，用"〰〰〰"勾画出描写做客的句子，并想一想，从这些句子中，你感受到叶老先生是个怎样的人？

（2）小组内讨论交流。

（3）小组代表交流分享，教师梳理提升：引导学生感受叶老先生是一个平易近人、和蔼可亲、关心下一代的人。

（评析：整体感知叶老先生的品质，再通过课文中具体语言的描写，感受叶老先生的可贵品质。教给学生通过抓关键词、句，理解感悟人物品质的方法。）

（五）品读关键，感悟理解

问题：作者为什么要写那片绿绿的爬山虎？

（1）轻声读课文第6～10自然段，用"＿＿＿"勾画出描写爬山虎的句子，想一想作者为什么要写那片绿绿的爬山虎。

（2）小组内讨论交流。

（3）小组代表交流分享，教师梳理提升：

① 谁找到第一句描写爬山虎的句子了？我们读书，不但要把读音读准了，句子读通顺了。还得要读得有感情，读出画面来，现在就请同学们自己读一读，看看你们能读出什么画面来。孩子们，你们都看到什么了？看到这样的画面，你的心情是怎样的？引导学生有感情地朗读课文，想象课文中的画面，教师讲解借景抒情的写作方法。

② 用刚才老师教给你们的想象画面法，读好另一处描写爬山虎的句子。你看到了怎样的画面？跟叶老先生交谈一个下午，交谈得这么来劲，叶老先生都跟你说了什么呀？齐读这一句话。

③ 在这两段的描写当中，由于时间不同，作者的心情也不同，所看到的爬山虎的样子也不一样。但是，这两段描写有个共同点，你发现了吗？这绿，象征着什么呢？我们能用绿说一句话吗？绿是……

④ 爬山虎最大的特性就是不畏艰险，抓住一样东西，不停地向上攀登。那么，绿绿的爬山虎在作者的心里面又有着怎样的情感呢？

⑤ 回味课题。

（评析：引导学生理解含义深刻的句子，教给学生习作的方法——借景抒情。）

（六）作业超市

（1）我会写：以"绿是……"开头，写一段话。

（2）我想读：推荐作家作品。

（3）我会背：试着把刚才描写爬山虎和做客的句子背下来。

板书设计：

那片绿绿的爬山虎

```
          叶圣陶爷爷 ——— 修改作文 ——— 肖复兴  ┐
                                              │ 借
             │                                │ 景
             ↓              邀请做客           │ 抒
                                              │ 情
          热情好客                            ┘
          和蔼可亲
```

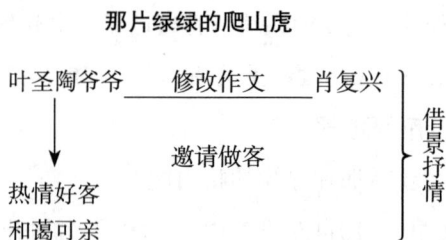

（此录像课获云南省教科院2014年录像课竞赛一等奖）

《那片绿绿的爬山虎》教学反思

《新课标》告诉我们：学生是学习的主体，教师的教是为了不教，因此我采用了以下教学方法：朗读感悟法、对话式教学法和自学辅导法等。这三种方法交叉运用，可以充分调动师生两方面的能动性，鼓励学生即兴创作，在对重点词句的反复诵读中，学习完教材。"教是为学服务的"，教师选择恰当的教学方法能最大限度地调动学生学习的主动性，使学生的学习收到良好的效果。根据本课的教学目标及学生的学习特点，我在教学中主要通过朗读来帮助学生理解，并适当地结合课文内容播放多媒体课件，帮助学生从视觉上来感知理解。

在学法上我将根据《新课标》倡导的学生是学习和发展的主体，语文教学要关注学生的个体差异和不同的学习需求这个理念，来指导学生采用"读—思—议—练"的方法，在自主、合作的学习氛围中朗读、思考、交流、练习，从而解读课文，感悟课文，体会文章的情感脉络。在学生的自学与教师的导学中打造一个动态生成的课堂。在整个教学过程中，始终坚持突出学生的主体地位，把学生的发展放在首位。重点在"读"和"悟"上下功夫。

教学过程中，因过于纠结一些细节，耽搁了时间，最终导致拖堂5分钟。

人教版小学语文二年级下册《泉水》教学设计及评析

教材分析

《泉水》是课程标准实验教科书人教版语文二年级下册的一篇课文。本组教材以"关爱别人"为主题安排了4篇内容丰富、形式多样的课文。让学生通过这些课文的学习，学会关爱别人，知道谁需要帮助，我们就伸出热情的手；谁需要温暖，我们就献上一颗火热的心。《泉水》这篇课文以拟人化的方法、儿童化的口吻，描写了泉水从冲出石缝到汇入大海，一路经过的地方及发生的故事。展现了山腰的水池、山间的平地、山坡的果园、静静的山谷4幅意境优美且极富画面感的场景。语言清新明快，充满诗情画意。本课重在创设一幅幅美丽的意境，让读者在美景的熏陶下感受泉水的热情并学会助人为乐。

教学目标

（1）学习本课生字，会写生字，学习生字组成的词语。

（2）学习课文，认识泉水"多、清、甜、美"的特点，体会泉水一路奉献的精神和奉献的幸福感。

（3）正确、流利、有感情地朗读课文。背诵自己喜欢的部分。

教学重难点

重点：通过朗读，感悟泉水纯洁无私、美丽可爱的心灵。

难点：指导学生品读好词佳句。

教学过程

（一）情境导入，激发兴趣

（1）播放课件，欣赏"泉水"，并配有泉水"叮咚"的声音。

（2）说一说你看到了什么、听到了什么。

（3）这美妙的泉水声究竟从哪里来的？它又将流向哪里呢？

（4）揭题，板书并齐读课题。

（评析：利用轻松优美的音乐，通过直观形象的课件展示泉水流淌的样子，使学生很快进入情境，激发了学生学习的兴趣。）

（二）初读课文，认读字词

1. 自由读课文

（1）遇到不认识的字借助拼音多读几遍或请教同桌。

（2）遇到难读的句子要多读几遍，直到读通顺。

2. 小组合作，学习生字

（1）4人一个小组，自读生字卡片。

（2）小组交流，组内补充：每位小组成员把自己的记字方法在小组内交流，要求读准字音。其他组员认真听，可以补充自己的看法，还可以进行扩词。

（3）小组汇报，教师指导。

（4）游戏"开火车"，巩固认读字词。

（评析：学生自由读课文，初步感知课文内容，为后面的有感情朗读打下基础。在初读的过程中，扫清字词障碍。学习生字时，采取小组合作的方式，使组内的人力资源得到有效整合。又通过有层次的生字学习，使学生对生字有较全面的掌握，更进一步强化学生对字形的区分。）

（三）熟读课文，品味感悟

1. 学习第1自然段

（1）自由读课文。

（2）边读边勾画出你喜欢的词语，想一想，看到这个词语你想到了什么？要用什么样的方式来表达自己的感受。

（评析：让学生在读通课文的基础上找出自己喜欢的词语。尊重个体的差异，让学生充分思考、找出自己喜欢的字词，用不同的表达方式把自己的感受表达出来。）

2. 学习第2～5自然段

（1）教师配乐配图朗读课文：边听边想，泉水都流过了哪些地方？在泉水流过的这些地方中，你最喜欢哪一个？为什么？

（2）汇报交流，随机教学（教师只选择其中的一个画面进行引导教学）。

（3）让学生说说喜欢的画面，随机学习汇报一个画面，比如，泉水流进山腰的水池。

①抽学生读，说说为什么喜欢这个自然段。

②补充交流，发表不同的见解。

③课文中的"天然水塔"指的是什么？"天然水塔"里的水多吗？你是从课文中的哪个词看出来的？

④教师指导学生有感情地朗读，读出泉水热情、大方、自豪的语气，感受她甘于奉献的精神。

⑤采取不同的方式读课文：引读、抽学生读、小组读、齐读。

（4）泉水流呀、流呀，一路流过许多地方。下面请同学们读一读描写泉水姑娘流过其他地方的自然段。想一想，这几个自然段有哪些地方与第2自然段是相同的？哪些地方是不同的？

（5）在你的想象中，说一说泉水姑娘还会流到哪里去？还会做哪些好事？请用：泉水流到_____，她看到了_____，泉水说："_____。"的格式来说一说。

（评析：通过不同方式的朗读指导，使学生从读中感悟、理解泉水甘于奉献的品质。同时，通过生动的画面和深情的语言引导，让学生在品读中增强对语文的情感体验。又通过比较段落写法的异同，学习基本的语言表达方法，让他们展开想象，在更大的空间里锻炼自己的口头表达和语言组织能力。）

3. 学习第6～7自然段

（1）齐读第6～7自然段，可以边朗读边表演。

（2）想一想：课文最后的省略号是什么意思？

（四）整体感悟

同学们用自己喜欢的方式把课文读一遍。可以站着读，可以表演读，可以大声读，也可以小声读……

（评析：尊重学生的选择，让学生通过自己喜欢的读书方式来表达自己对泉水的喜爱之情。）

板书设计：

泉水 —— 流 —— { 山腰的水池 / 山间的平地 / 山坡的果园 / 静静的山谷 } —— 大海

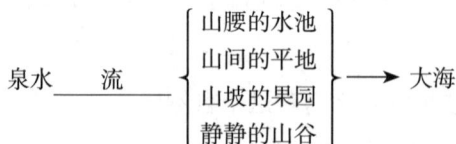

（此文发表于《云南教育》）

《泉水》教学反思

低年级的语文教学要重视朗读训练，因此本课的教学设计，我主要采取以读为主，让学生通过各种形式的读（自由读、示范读、指名读、小组读、齐读等），去体味课文的语言美，感受泉水乐于助人、无私奉献的精神。借朗读训练培养学生自读自悟的能力，同时，在自读自悟中，学生有了自己独特的感受。整节课学生学得开心、放松，学习效果也较好。只是在学生进行小组讨论交流的过程中，由于分工不够明确，出现了只有几名学生发言，部分学生没有发言机会的现象。而为了完成教学任务，对边缘学生的关注不够。同时，对学生的激励语言平淡、单一。

小学语文有效朗读的策略

一、前言

在小学的语文教学中，朗读是一种非常有效的教学方法。对小学语文教学至关重要。它通过学生眼、口、手、脑之间的协调运动，充分提升学生的思维能力，通过对其进行文学方面的情感熏陶，全面提升其文学素养及综合素养。在这一过程中，语文教学工作者要充分认识到朗读在语文教学中的重要价值，并将其放在教学计划中，作为重点课题实施。还要通过多种方式的训练与引导，提升学生朗读的自信心和学习语文的自信心，使学生在朗读过程中充分感受文学的魅力，提升其语文学习的兴趣和积极性，并以此为契机提高小学语文教学的整体水平。

二、小学语文教学中朗读教学的重要作用

1. 通过朗读，能够充分加深小学生对课文中心思想的理解

通过朗读，能有效扩大学生的阅读量，使学生更容易掌握文章的中心思想及作者想要表达的情感，还能有效提升学生的文学素养及写作能力。学生通过对大量词汇的掌握进而提升其对课文的理解能力。学生融入课文所表达的情感之中，对于掌握课文中的基础知识、生词、名句等都有极大的好处。此外，还能够提升学生朗读的兴趣，以及学习语文的兴趣，并掌握写作的相关规律。

2. 通过朗读，能够有效提高学生普通话水平

在不断朗读的过程中，能够极大促进学生语言功能的发展。通过其口和脑等器官的协调及运用，使学生能够形成较好的语感，并学会用生动的语言进行表达。通过朗读在脑海中形成生动的画面，使学生对课文有着更深的理解。通过不断的朗读对其普通话进行完善，提升学生学习语文的自信心，挖掘了学生

多方面的潜力。

3. 通过朗读，能够有效提升学生的情商

有效的朗读，能够使学生将情感融入课文中去，加深对文章中的内涵的领悟，提升了学生的情商。通过朗读使学生更真实地体会到课文的真正含义，为学生提供了释放情感的途径，使学生能够将自己的情感充分进行表达，与自身的心理达成统一，进而有利于情商的发展。

三、提升小学语文朗读教学的若干策略

在小学语文的教学中，语文教育者的重视及有效引导对学生朗读的训练起着至关重要的作用。教师要充分发挥创新能力和主动性，通过多种方法提升语文教学中朗读教学的水平。

1. 为学生制订较为明确的朗读目标

在语文课堂教学中，朗读对于学习课文起到了非常重要的辅助作用和预习作用。教师要在朗读前为学生充分讲解课文中的生僻字及多音字，确保学生朗读过程的顺利进行。也要为学生制订朗读目标，引导他们在朗读过程中关注文章的中心思想及作者蕴含的深厚感情，让学生带着目标和任务进行朗读，有助于加深学生对文章的理解和感悟。

2. 要对学生进行及时、有效的朗读指导

为提升小学生的朗读水平，语文教育工作者们一直在对相关问题进行研究和探讨。在朗读过程中，对学生进行正确的指导至关重要，这是决定其朗读水平的关键因素。在朗读中，对于发音的语调、停顿及文字的音调要求都十分严格。首先，教师要在语文课堂中，对学生进行适当地知识灌输和引导，为学生打好朗读的基础；其次，还要对学生在朗读过程中的感情、文字的正确发音进行指导，并通过不断的训练加深其朗读功底。针对不同的学生，还需要有不同的指导方案，确保因材施教，有效提升教学对象的朗读水平，进而提升学生对朗读的兴趣。

3. 要通过多种方式开展朗读教学

语文课堂中的朗读方式多种多样，语文教师要在不同的情境下组织开展不同方式的朗读。例如，在对大篇幅的文章进行朗读时尽量选择默读，在学习一

些情感较为强烈的课文时，选择分角色有感情地朗读。针对一些具有语言天分的学生，鼓励他们在班级内领读。此外，配乐往往能使朗读教学发挥更好的效果。音乐可以使学生的情感得以充分释放，而跟随节拍进行有感情地朗读，能最大限度地激发学生的朗读兴趣，提升他们的朗读水平。此外还有大声齐读、快速读等多种朗读的方法。语文教师要根据不同的情况选择合适的朗读方法，最大限度地提升学生的朗读兴趣，引导学生正确的开展朗读，进而有效提升小学语文课堂的教学水平。

4. 通过朗读，提升学生对文学的理解和领悟能力

朗读不光是一个反复阅读的过程，更是一个加深学生对课文的理解和感悟的过程。小学语文教材选择的大多是一些传承至今、经久不衰的经典作品。教师要通过朗读教学来提升学生的文学素养，使学生充分体会到作品中融入的作者的感情及思想，并通过将朗读教学与普通话教学进行有效结合，切实丰富语文教学中朗读教学的内容，全方位提升学生的能力素质，取得更好的教学效果。

5. 充分运用多媒体等现代化教学手段开展小学语文朗读教学工作

在语文教学中，教师要充分发挥主观能动性，充分利用一些现代化的科技手段对朗读教学进行充实。通过选取一些视频片段、图片等方法，使学生产生身临其境的感觉，培养其朗读的兴趣。此外，还可以通过在课堂中播放一些朗读案例，对其进行具体点评，使学生能够最大限度地了解朗读中需要掌握的技巧和注意事项，切实提升其朗读水平，有效提高语文教学的水平。

四、结语

在小学的语文教学中开展有效的朗读，不仅能够提升学生对生活的感悟能力，养成良好的学习习惯，更能提升学生的文学素养，帮助学生打牢语文基础。除了通过为学生制订有效的朗读目标，对其阅读进行有效指导，开展多种方式的朗读教学外，还要指导学生感知课文的中心思想，领悟到我国文学文化的丰富底蕴。培养更多热爱阅读、热爱语文的人才，朗读教学可以为其未来的文学道路奠定坚实的基础。

参考文献

［1］陈彩琳.让书声成为学生精神律动的音符——小学语文阅读教学中有效朗读训练案例研究［J］.汉字文化，2018（02）：63-64.

［2］李晓梅.有效引导让朗读精彩纷呈——浅谈小学语文朗读教学的有效策略［J］.小学生作文辅导（上旬），2017（11）：12.

［3］顾勇.有效朗读 品味文字 关注表达——国标版小学语文第十一册12课《姥姥的剪纸》教学案例及分析［J］.新课程（上），2017（09）：79.

［4］王海威.以声传情，以读达意——浅谈朗读在小学语文教学中的有效运用［J］.新作文（教育教学研究），2011（16）：4.

［5］杨兴荣.让书声成为精神律动的音符——小学语文阅读教学中有效朗读训练案例评析［J］.中国教师，2011（08）：51-52.

［6］陈跃.新课标背景下小学语文朗读教学中存在的主要问题及有效改进措施探讨［J］.课外语文，2014（24）：107-108.

［7］何如.书声琅琅莫若情感品味——谈小学语文阅读教学中朗读的有效开展［J］.新课程（下），2014（04）：86.

［8］弓生道.让书声成为学生精神律动的音符——小学语文阅读教学中有效朗读训练案例评析［J］.启迪与智慧（教育），2012（11）：22.

（此文获中国管理科学研究院教育科学研究所2018年论文评选一等奖）

阅读教学案例——有效朗读

人教版小学语文五年级上册《走遍天下书为侣》教学设计及评析

教材分析

　　《走遍天下书为侣》是课程标准实验教科书人教版语文五年级上册的一篇课文。本组教材以"我爱阅读"为专题安排了4篇内容丰富、形式多样的课文，让学生懂得阅读不仅能获得知识、学会思考，而且能从中得到情感的陶冶和精神的享受。《走遍天下书为侣》篇幅短小精致，语言浅显易懂，角度新颖，表达独特。作者通过层层递进的假设、设问和反问，形象的比喻，以推理的方式表达了自己的观点：你总能从一本书中发现新的东西，不管你看多少遍。从而告诉我们要与书为伴，与书为侣，其乐无穷；善于读书，常读常新，百读不厌，必有收获。

教学目标

　　（1）认识4个生字，会写9个生字。正确读写"伴侣、娱乐、百音盒、毫不犹豫、一趟、背诵、零次、编写、某种"等词语。

　　（2）准确、流利、有感情地朗读课文，背诵并抄写自己喜欢的段落。

　　（3）把握主要内容，体会作者选择一本书陪伴自己旅行的理由及反复读书的方法，并受到启发。

　　（4）感受作者对阅读的热爱，继续开展关于阅读的综合性学习，逐步培养阅读的习惯。

教学重难点

重点：整体把握文章的主要内容，体会作者情感。

难点：理解作者反复读一本书的原因和方法。

教学过程

第一课时

（一）激发兴趣，导入新课

（1）同学们，如果有这样一个机会，让你独自驾舟环绕世界旅行，只能带一样东西供自己娱乐，你会选择什么？为什么？

（评析：教师用语言为学生创设一个"独自环游世界"的情境。让学生在设想中地说出自己的选择和理由。营造一种宽松的对话氛围，激发学生阅读的兴趣。同时，学生有了自己的选择后，再去领悟文中作者的选择，更能切身体会作者爱书的人文情怀。）

（2）齐读课题，以"侣"为突破口，说说课题《走遍天下书为侣》是什么意思。

（3）质疑课题：为什么英国作家尤安·艾肯走遍天下之时选择的是一本自己喜爱的书呢？

（评析：引导学生围绕课题质疑，很容易让学生抓住课文的主旨：作者只选一本书旅行的原因。）

（4）一本好书究竟能带给我们什么？让我们一起欣赏"阅读链接"中的《神奇的书》。

（5）学生自由诵读，并说一说这首诗所表现的书的魅力。

（6）小结：一本好书，蕴含着丰富的知识和美好的情感，古今中外有成就的人都喜欢读书。都善于从书中汲取营养。所以，今天让我们和作者一起感受"走遍天下书为侣"的快乐吧！

2. 初读课文，扫清字词障碍

（1）学生自由朗读课文，要求：读准字音，读通句子。

（2）检查生字、生词的读音。

（3）分自然段朗读课文，纠正字音，把自己认为不好理解的段落认真读一读。

3. 整体感知，自读自悟

（1）用自己的话说说课文主要讲了什么。

（2）为什么作者要以一本书为自己旅行的伴侣呢？接下来，请大家选择自己喜欢的方式自由读课文，看看能否把我们课前提出的问题弄懂。

（3）根据学生的回答，适时出示关键句子，引导学生品析词句：

①"你喜爱的书就像一个朋友，就像你的家。"

②你已经见过朋友一百次了，可第一百零一次再见面时，你还会说："真想不到你懂这个！"

③你每天都回家，可不管过了多少年，你还会说："我怎么没注意过，灯光照着的那个角落，光线怎么那么美！"

让学生把这些句子多读几遍，再充分说说自己的感受。（注意引导学生抓住"朋友""家""一百次"来发表自己的不同见解。）

（4）口头填空：

作者把书比作了（　　）和（　　），作者这样比喻的原因在于（　　　　）。

（5）仿说关于书的比喻句。

（评析：语文教学应重视读中感悟，读中积累，以读促写。通过口头填空、仿说训练，提高学生的运用和表达能力。）

①示例。

书是人类进步的阶梯。——高尔基

书籍是全世界的营养品。——莎士比亚

理想的书籍是智慧的钥匙。——托尔斯泰

②关于书的比喻句，你还能想起哪些？试着自己也来说一说这样的句子。

第二课时

1. 复习导入

（1）复习新词。

（2）回顾课文内容，说说作者只带一本书上路的原因。

2. 感悟方法，拓展练笔

（1）了解了作者的选择，你有什么感受？

（2）学生自由读课文第7~8自然段。

课件出示：

首先，我会思考，故事中的人为什么会这样做，作家为什么要写这个故事。然后，我会在脑子里继续把这个故事编下去，回过头来品味我最欣赏的一些片段，并问问自己为什么喜欢它们。我还会再读其他部分，并从中找到我以前忽略的东西。做完这些，我会把从书中学到的东西列个单子。最后，我会想象作者是什么样的，他会有怎样的生活经历……

① 想象你就是著名作家尤安·艾肯，你准备怎样向大家介绍你的读书方法？

② 谈谈"一遍又一遍地读一本书"对我们的启示。

③ 挑战读，比一比谁的朗读最富有感染力，并试着背一背第7自然段。

④ 理解"从某种意义上说，它是你自己的东西，因为世上没有两个人会用同一种方式读同一本书"这句话的含义。

⑤ 仿写句子：一本你喜爱的书就是＿＿＿＿＿＿，也是＿＿＿＿＿＿。

（3）读了文中作者的读书方法，一定对我们有所启发，我们平时也读了许多书，你是怎样读书的呢？请大家拿出习作本，写一写，注意用上"首先……然后……还……最后"的句式。

（4）展示练笔：选择几篇学生习作，请学生上台朗读交流。

（评析：学生在自读自悟的过程中，抓住课文主要内容，厘清课文脉络。同时，学生在读中与作者对话，交流自己读书的经历与方法。让学生展示自我阅读的成功，激发学生表达的欲望。读中学写，既整合了教学内容，又深化了语文实践学习。）

3. 积累运用，拓展延伸

（1）画出自己喜欢的段落，多读几遍，试着背一背。

（2）还有什么感兴趣的问题？提出来与大家交流。

（3）根据课文中的读书方法及同学们交流的读书体会，整理读书卡。把以前读过的书找出来读一读，每一次试着从不同的角度去读，看看有什么新的收获。及时做好记录，到本单元的语文实践活动时我们一起来交流。

板书设计：

走遍天下书为侣

假设开篇——独自旅行 以书为伴

具体说明——
书如友——老友重逢
书似家——故地重游 以书为侣 其乐无穷
反复读——常读常新

总结全文——书是属于自己的伴侣

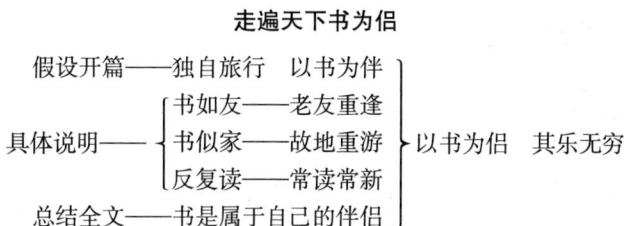

（此文发表于《云南教育》）

《走遍天下书为侣》教学反思

《新课标》中提出：语文教学应重视读中感悟，读中积累，以读促写。本课的教学，我主要使教学内容与学生的课内外学习相结合，让学生把读与悟、读与写结合起来，使学生在语文实践活动中感受作者"爱书、爱读书"的热情，体会读书的方法，享受读书的乐趣，使学生对读书充满兴趣，从而激发学生自觉读书的欲望。同时，通过仿说、仿写，培养学生的语文素养。

教学中，我引导学生模仿课文展开想象，在想象"书像什么"这个问题时，引导不够到位，没有很好地打开学生的思维，学生不知从何说起。如果先引导学生在课文中寻找素材，通过反复地朗读分析，让学生理解这样比喻的依据，找到二者之间的联系，学生再想象"书像什么"就会显得更容易一些了。

人教版小学语文三年级下册《太阳》教学设计及评析

（云南省"国培计划"项目小学语文甘清梅名师工作坊送教兰坪示范课）

教材分析

《太阳》是一篇说明文，全文分为两大部分，采用了列数字、打比方等说明方法介绍了太阳的特点及太阳与人类的密切关系。选编这篇课文的目的，一是让学生学习说明文的阅读方法，提高阅读能力；二是让学生更多地了解太阳的特点，培养学生热爱科学的情趣。

教学目标

（1）会认9个生字，会写14个字。正确读写"传说、寸草不生"等词语。

（2）正确朗读课文，学会质疑。

（3）理解课文内容，了解太阳的特点。

（4）初步学习阅读说明文，体会说明事物的部分方法（列数字、引用传说、做比较）。

教学重难点

重点：理解课文内容，了解太阳的特点。

难点：初步学习阅读说明文，体会说明事物的部分方法（列数字、引用传说做比较）。

教学准备

安排学生搜集有关太阳的知识。

教学过程

（一）激趣导入

（1）小朋友们，请看黑板（教师板书"日"字的甲骨文）。谁认识这个字？（你的见识真广），让我们一起来看一看"日"字的演变过程吧！（课件出示）"日"字表示的是太阳，今天，老师还带来了一个关于太阳的传说，小朋友们想一起欣赏一下吗？

（2）播放《后羿射日》的动画片。

（3）导语：后羿真的能把太阳射下来吗？（不能，为什么呢？）

看来，同学们对太阳的了解还真不少！今天，老师就要求同学们来做个小小科学家，研究研究太阳。请大家翻开课本第86页（板书课题，齐读课题两遍）。

（评析：这样引入新课，富有趣味。不仅唤起了学生的生活体验，还调动了学生学习的积极性，使学生勤于动脑、乐于思考。在激发学生学习兴趣的同时，加入了中国文字的演变教学，使学生感受到中华文化的博大精深。）

（二）方法引导，自学课文

（1）要研究一个事物，我们首先要会提出问题。（板书："？"）

① 现在对于太阳，你们都想知道些什么呢？

② 学生提问，教师板书学生的问题。（估计学生对太阳的大小、远近、温度及现象均会提出有关问题）

（评析：引导学生质疑、探究，从而使学生获得了知识，锻炼了能力，激活了学生的思维，培养了学生的创新意识。）

（2）学生自学课文。

那么多的问题，我们怎么来解决呢？那么，我们就先来看看课文都告诉了我们哪些知识？请同学们先自己学习学习，找一找，你能解答哪些问题，好吗？同学们自学之前，老师要教给大家一些学习的小窍门，小朋友们愿意学吗？

课件出示：

① 画。（边读边画出不认识的字，自己想办法记住它们）

② 读。（读通、读准、读熟课文）

③ 想。（自己提出的问题，哪些能解决了？哪些还有困难）

④ 说。（和学习伙伴互相交流自己的学习收获，互相取长补短）

（3）提出学习要求（逐条出示）。

① 读：大声朗读课文，注意读准字音，读通句子。

② 想：想一想课文主要介绍了太阳哪几方面的知识。

③ 画：用铅笔画出"‖"，并写出主要内容。

④ 画：用"____"勾画出你找到的问题的答案。

⑤ 说：由小组长组织，小组内说一说你都解决了哪些问题。

（评析：学生在对知识的学习上有了学习方法的指导，这样他们不仅知道了怎样去学，还乐意去学，培养了学生自主学习及相互合作学习的能力。）

（三）小组合作，交流分享

（1）检查生字、生词的学习情况：课件出示，抽学生读、"开火车"读、齐读，多种形式检查。要求会写的字是重点。

（2）全文共有几个自然段？抽生检查分段情况，教师订正：课文第1～3自然段主要介绍太阳的特点，第4～8自然段主要介绍太阳与人类的关系。

（3）小组内交流各自解决了哪些问题，还有哪些没有解决。

（4）请一个小组交流分享，其他小组进行补充、完善。

（5）教师梳理：（预设引导学生先完成第一自然段的理解）

① 太阳有多远、多大、多热，你们这些小小科学家自己能找到答案吗？（学生回答，教师将数字填入表中。）

太阳离我们多远	太阳有多大	太阳的温度如何

② 指点：从上面的表中我们可以知道课文上说太阳的远、大、热是通过什么来说明的？（板书：列举数字）

资料中数字比较多，可以列表将数字一填，就一目了然了。

③ 文章中是不是光用数字来说明的？还用了什么办法？

④ 指名分节朗读课文后回答。

第一，引用传说（板书：引用传说）。

如果这里不用传说，光用数字，看上面这个表，如果我们把三列连起来就变为：

"太阳离我们很远，有1.5亿公里远；太阳很大，有130万个地球大；太阳很热，表面温度有6000摄氏度，中心温度是表面温度的2500倍。"

如果文章这样写，你们读起来觉得怎么样？（枯燥乏味，不想继续读下去）

第二，指点："传说"是流传在民间的口头上的故事。加入了传说，可以激发学生的阅读兴趣。研究科学非常讲究科学性，必须说明它的实质。在传说以后，用一个什么词语来揭示其实质？（"其实"）文章中引用传说，引人入胜，接着用"其实"一词揭示实质。

下面一节说明实质的又用了什么词？

第三，说太阳，怎么又说了地球、沸水和钢铁呢？（突出"抵得上""比"等词语）（板书：做比较）

俗话说"不怕不识货，就怕货比货"，比较的方法能够帮助读者进一步了解所说明的事物。

（评析：小组合作学习，在理解课文的同时，也让学生了解到具体的说明方法，理论与实际例子相结合，使学生更容易掌握。）

（四）拓展练习

（1）太阳离我们"远"，太阳"大""热"，这三大特点，与地球是相互联系的，你们要做科学家，阅读资料时，就得认真思考，自己先思考一些问题。

例句：（出示句式：因为……所以……）太阳虽然大，但因为远，所以看起来小。

（2）请大家仿照例句进行写话练习，如：

① 太阳虽然热，但因为远，所以烧不死地球上的生物。

② 因为大，所以太阳可以照到整个地球。

③ 因为太阳热，又离我们远，所以太阳光使我们感到温暖。

（3）学生交流。

（五）总结

这节课，我们在课文中寻找到了部分问题的答案，还有许多问题没解决。下一节课，我们将继续探究有关太阳的知识，而关于太阳更多的知识，老师建议小朋友们下课之后，可以到网络上查一查，到其他书中找一找，学一学！

（评析：总结的目的是激发学生探究太阳秘密的欲望，同时，引导学生开拓多种学习渠道。）

板书设计：

太阳

一、特点（1～3）
- 远——列数字、引用传说
- 大——列数字、做比较
- 热——列数字、打比方

二、关系（4～8）

《太阳》教学反思

上这一节课的学生是来自兰坪白族普米族自治县营盘镇中心小学三年级两个班的学生。由于课前没有与学生见面，所以，学生在小组合作学习的过程中显得很拘谨，不知该如何合作。在这一环节上，着实费了些力气。尽管如此，这一节课，依然是一节真实、完整的课堂。我以亲切的问候与学生们拉近了距离，又通过一个小游戏调动了学生们参与的积极性。课堂上，以引导学生们从认识"日"字的演变过程引出课题，又通过动画片引入课文的学习，环环相扣，激发了学生的学习兴趣。学习中，我又引领学生们学会了互助学习，你帮我、我帮你，让学生感受到了学习的快乐！

人教版小学语文三年级上册《香港，璀璨的明珠》教学设计及评析

教材分析

《香港，璀璨的明珠》是人教版语文三年级上册第六单元"壮丽的祖国河山"专题中的一篇略读课文，安排在精读课文《富饶的西沙群岛》《美丽的小兴安岭》之后。目的在于看学生是否能通过前面学过的方法，学会独立阅读，在阅读中感受香港的现代都市风采，体会课文蕴含的情感。全文共有6个自然段。第1自然段概括介绍了香港的重要地理位置及它的美丽与繁华，第2～5自然段从"万国市场""美食天地"和"旅游胜地""灯的海洋"4个方面具体介绍香港，最后一个自然段点明了香港是一颗无比璀璨的明珠。全文按照"总—分—总"的结构方式叙述，首尾呼应。文章层次清楚，词汇丰富，语句优美，运用了排比、比喻等修辞方法。

教学目标

1. 知识与技能目标

（1）正确、流利地朗读课文，掌握文中的生词。

（2）理解课文内容，认识香港。

（3）指导学生理解"璀璨的明珠"的含义。

2. 过程与方法目标

通过自主合作学习，并辅助多媒体课件进行教学，让学生了解香港的繁荣与美丽。

3. 情感态度与价值观目标

让学生了解香港的繁荣与美丽，激发学生热爱祖国、热爱香港的思想感情。

教学重难点

认识香港，指导学生理解"璀璨的明珠"的含义，激发学生热爱祖国、热爱香港的思想感情。

教学准备

搜集有关香港的资料。

教学过程

（一）创设情境，激情导入

（1）上课前，老师先请大家欣赏一首歌（播放歌曲《东方之珠》）。谁知道这首歌的名字是什么？"东方之珠"指的是哪儿？（板书：香港）我们的祖国地域辽阔、风景迷人，矗立于世界的东方。而香港这座城市却是中国这条巨龙头上一颗璀璨的明珠，有"东方之珠"的美誉。今天，我们就跟随课文，一起走近香港，来了解这颗令世人瞩目的"东方之珠"。（板书：璀璨的明珠）齐读课题。谁知道"璀璨"是什么意思？你是怎么知道的？为什么说香港是"璀璨的明珠"？（在"璀璨"后打问号）

（评析：利用歌曲导入新课，充分调动学生参与课堂学习的积极性与主动性，激发学生对知识的渴望，活跃课堂气氛，为文章的主体做足铺垫。）

（2）课前老师让大家搜集有关香港的资料，现在就请同学们说说你们知道的香港吧！（学生结合课前搜集的资料及课文"资料袋"中的内容简单介绍香港）

（评析：培养学生搜集和处理信息的能力。）

（3）刚才同学们从不同角度介绍了自己了解的香港，看来香港这座城市在大家的脑海里已经留下初步的印象了！下面就让我们跟随课文，一起走近香港，来了解这颗令世人瞩目的"东方之珠"。

（4）明确类型。

师：带*号的课文是略读课文，略读课文要求大家自己学习，老师不做过多的讲解。请同学们自己读一读阅读提示，看导语提出了几个要求。

学生自由读阅读提示。

（5）出示阅读提示。

①读一读：自由朗读课文，读准字音，读通句子，难读的句子多读几遍。

②想一想：作者是从哪几个方面介绍香港的？

③说一说：香港给你留下了怎样的印象？

（评析：找准阅读要求，明确略读课文的学习方法。）

（二）初读课文，整体感知

问题：课文是从哪几个方面来介绍香港的？

（1）请同学们用自己喜欢的方式读读课文，可以大声读、小声读，也可以默读。要求：读准字音，读通句子，难读的句子多读几遍。

（2）同学们，这篇课文有很多优美的词语，让我们一起来看看吧！

出示词语：

琳琅满目　应有尽有　物美价廉　佳肴　一应俱全　大饱口福　旅游胜地

举世闻名　夜幕降临　五颜六色　粤菜　奔流不息　五洲四海　璀璨无比

同学们，看，拼音宝宝见到我们就害羞地藏起来了。没有它们，这些词你会读吗？

（3）课前同学们都预习了，你都理解了哪些词语呢？有不理解的我们就放到课文中一起解决吧！

132

（评析：课文语言优美，词汇丰富。对学生来说，在理解上有一定的难度，因此，可通过查字典或词典，结合学生的生活经验，以及联系上下文加以理解，这样可以鼓励学生多积累、多运用课文中的好词佳句。）

（4）小组讨论：课文是从哪几个方面来介绍香港的？

（5）小组代表交流分享。

（三）合作学习，品读体验

问题：香港给你留下了怎样的印象？

（1）小组内通读课文，把你们认为香港最美的地方介绍给大家，介绍的方式可以采用：

① 像小播音员一样声情并茂地朗读，并说出自己感受最深的地方（词语或句子）。

② 像导游一样绘声绘色地讲解，加进自己的理解、感悟。

（评析：设置符合学生心理特点的"小导游"活动，丰富课堂教学形式，优化教学手段，激发学生的学习兴趣。）

（2）小组交流分享。

（3）教师梳理提升：

① 万国市场。

第一，导游介绍万国市场。

第二，想好你要买的物品没有啊？我们一起去市场看看吧！（多媒体展示图片）

第三，看到这些，你想到了哪些词语？读词语。

第四，买到你中意的东西了吗？你的心情是怎样的呢？让我听听吧！（指名读，女生读）

过渡：我看到很多女生都舍不得走了，可精彩的还在后头呢！有请导游带我们到下一站。

② 美食天堂。

第一，大家的肚子都饿了，快看一下都有哪些地方的美食吧！（齐读）

第二，决定要吃什么了吗？那我们就走吧！（出示课件）

第三，看到这么多的美食，你想用什么词语来形容一下呢？刚才你吃得怎

么样呢？用什么词来形容？（读词语）

第四，谁吃得最痛快、最过瘾？把你的心情告诉大家吧！

过渡：吃饱了，喝足了，让我们继续去感受香港的魅力吧！有请导游！

③海洋公园。

第一，哪个小组愿意给我们读读有关海洋公园的介绍？（小组读）

第二，各位都迫不及待地想去海洋公园了。Let's go。（出示课件）

第三，把你最喜欢的表演介绍给大家。

第四，你觉得海豚和海狮怎么样？那就读出它的可爱吧！（男生读）

过渡：愉快的时光总是过得很快，看看，天已经黑了。导游啊，我们现在是不是该回酒店休息呢？

④美丽夜景。

第一，导游介绍。

第二，真有那么美吗？耳听为虚，眼见为实，我们还是赶快去看看吧！（出示课件）

香港的夜色如此之美，让我们带着自己的感受读读这段吧！（齐读）

香港那独特的美景让我沉迷，导游们悦耳动听的介绍让我陶醉，现在的我情不自禁地想说："香港，真是我国南海之滨一颗璀璨无比的明珠。"（出示课件）能否让大家感到你对香港的热爱呢？（齐读）

同学们说得好，读得更好。从大家的介绍中使我们感受到香港真是无愧于美称——"璀璨的明珠"。

（评析：把握住略读课教学的步骤，让学生从阅读方法指导入手，按阅读方法独立阅读、思考。紧紧围绕香港是"万国市场""美食天堂""旅游胜地"和"香港的夜景"这些内容，引导学生读、思、议、找，全面参与学习过程，培养他们提出问题、分析问题、解决问题的能力，使之达到阅读教学中"自悟自读"的境界。）

（四）总结升华

（1）播放视频：香港风光

（评析：香港离我们比较远，可以说大多数学生甚至全班学生都没有去过香港。为了加深学生的体会，教学中运用图片和多媒体手段，创设情境，把学生带入文字描绘的情境之中，使学生直观感受到香港的繁华和美丽。）

（2）同学们，今天这节课我们跟随课文一起认识了"东方之珠"——香港。最后，让我们用一句话来说说你心目中的香港吧！［板书：香港，真是一座（　　　）的城市］

（五）拓展延伸

（1）香港的今天是繁荣而美丽的，你可能无法想象它曾经历经过百年的沧桑，它曾经一度离开祖国母亲的怀抱。1997年7月1日，香港终于回到祖国母亲的怀抱，这是一个被载入香港历史的重要日子，一个中华民族的盛事。香港回归那一时刻也是一个体现世界和平与正义事业胜利的历史时刻。同学们关注今日香港的同时，也可以再去目睹一下1997年香港回归时的盛况。

（2）香港这颗璀璨的东方之珠，还是世界航运中心、世界金融中心、世界贸易中心，它映射出的光芒不是几段文字能概括清的，不是小小的一篇课文可包罗下的。但是，互联网却给我们提供了一个巨大的学习平台。课后，大家可以在网上进一步了解香港。

（3）小练笔。

（评析：让学生仿照课文的写法，进行小练笔。在学生感受、理解、欣赏、积累的基础上，开展学练结合。）

在这一课中，作者紧紧围绕着中心句，从不同方面把内容写具体。下面我们就学习课文的方法，试着写一写你所了解的香港的其他方面。

课件出示：（总写）香港是＿＿＿＿＿＿＿＿＿＿＿＿＿＿＿＿＿＿＿。
（具体写）＿＿＿＿＿＿＿＿＿＿＿＿＿＿＿＿＿＿＿＿＿＿＿。

学生练写，交流。

最后，我们衷心祝愿香港的明天更加美好，永远闪耀在世界的东方。

板书设计：

香港，璀璨的明珠　｛ 万国市场　美食天堂　旅游胜地——海洋公园　美丽夜景

《香港，璀璨的明珠》教学反思

一、课件的有效运用，提高学生的理解感悟能力

为了让学生更加直观地了解香港，我通过课件展示香港的特色，进一步调动学生学习的积极性。同时，在学习"美食天地""旅游胜地"和"美丽夜景"时，我通过大量的图片和视频，使学生更直观地了解香港。所以说，正确运用直观教具，能提高学生的学习兴趣，丰富情感体验，从而帮助学生理解文本内容。事实证明，这些图片的确使我在教学时更加得心应手。

二、搜集相关资料，培养处理信息能力

搜集资料，是为了帮助学生更好地理解文本内容，阅读提示也提出了这样要求。于是课前，我让学生通过多种渠道搜集有关香港的资料，再在课堂上与学习伙伴进行交流，在班上进行汇报，从而培养了学生搜集信息、处理信息、与人合作等综合能力。这也体现了三年级综合性学习的目的。

三、不足之处

（1）由于学生搜集的资料太多，在交流过程中，冲淡了课文的主题。

（2）课件展示图片太多，弱化了学生读书、理解感悟的过程。

（3）教学设计的内容过多，重点不够突出，应注重学习方法的讲授。

统编教材五年级上册《猎人海力布》教学设计及评析

教学目标

（1）认识本课生字3个，会写13个生字，能准确、流利、有感情地朗读课文，理解课文内容。

（2）知道本课是民间故事，表现社会生活中的真、善、美。

（3）领悟海力布热心助人、舍己为人的高尚品质，感受民间故事的一般特点及感染力。

教学重难点

重点：①读懂海力布为救百姓牺牲自己变成石头的故事。厘清故事的起因、经过和结果，归纳课文的主要内容。②领悟海力布热心助人、舍己为人的高尚品质，感受民间故事的一般特点及感染力。

难点：领悟海力布热心助人、舍己为人的高尚品质，感受民间故事的一般特点及感染力。

教学准备

（1）学生预习课文，自学生字、新词。
（2）教师根据教学设计制作多媒体课件。

教学过程

第一课时

（一）导入新课

同学们，你们喜欢民间故事吗？你们都听过哪些民间故事呢？民间故事是一些长期流传于老百姓之间的故事。它们或者机智幽默，或者歌颂善良美好，或者感人至深……今天，我们就一起来学习一篇民间故事《猎人海力布》。（板书课题，学生跟写，齐读课题）

（评析：导入直奔主题，以石头"海力布"引出猎人海力布，激发了学生阅读民间故事的兴趣。）

（二）检查预习，整体感知

（1）出示词语：酬谢、宝库、珍宝、听懂、僵硬、叮嘱、崩塌、发誓、谎话、迟延、后悔、扶着。

（2）出示图片。这块叫"海力布"的石头，据说在内蒙古自治区的一个山村。海力布是一个猎人，怎么会变成一块石头呢？

（3）学生自由读课文，边读边思考问题。

（4）小组内讨论交流：故事的起因、经过、结果是怎样的？用一句简短的话概括出来。

（5）小组分享，教师归纳总结（板书）：

起因：海力布救了龙王的女儿。

经过：海力布得到宝石。

结果：海力布因为救乡亲，变成了石头。

（6）根据故事的起因、经过和结果，说一说这篇课文的主要内容。

（评析：通过自由读，解答最初的疑问，在交流中梳理出故事梗概，再在教师的帮助下归纳出事件的起因、经过、结果，把长长的故事读短，训练了学生提炼信息的能力。再一次抓住故事梗概，让学生用自己的话讲述这个故事，把短短的一件事讲长、讲细、讲生动。这个过程训练了学生的表达能力，使学生进一步掌握课文的主要内容，通过讲述，激发学生们的想象力。）

3. 小组合作，探究人物品质

（1）猎人海力布为了救乡亲们变成了一块大石头。海力布究竟是怎样的一个人呢？你是从哪些方面感受到的？

（2）学生自由默读课文，用"〰〰"勾画出相关的句子，在旁边写上你的感悟。

（评析：从故事中跳出来，关注故事中的"人"。通过细节体会主人公"海力布"身上独特的品质，使学生把故事中神奇的想象与人物的精神品质结合起来，更深地体会这则民间故事所蕴藏的内涵。）

（3）学生交流，教师梳理（预设）：

① 第2自然段。

他热心帮助别人……总是把猎物分给大家，自己只留下很少的一份，……敬爱他。（由此看出，海力布是一个热心帮助别人的人）

指导朗读：找准关键词"总是""只留下""很少"体会感悟。

② 第3～6自然段。

第一，海力布和小白蛇的对话，体现了他不求回报、不要珠宝等细节。（由此看出，海力布是一个不贪财的人）

第二，引导学生联系上下文理解"酬谢"。（课文中小白蛇说要把家里的珍宝，还有能听懂鸟语的宝石送给海力布，表达自己对海力布救了自己的感恩

之情，这种用礼物答谢别人的方式就叫酬谢）

第三，指导朗读对话，读出小白蛇真诚的感激之情。

③第7～9自然段。

第一，海力布有了这颗宝石，带来了哪些方便？由此看出，海力布是一个怎样的人？（一心为大家着想的人）

第二，海力布听到了一个什么消息？这是怎么做的？

第三，海力布听到这个消息，大吃一惊，急忙跑回来对大家说："咱们赶快搬到别处去吧！……"海力布急得掉下了眼泪。"急忙"说明了什么？（一心为别人着想）

第四，找一找海力布在劝乡亲们搬家时说的话。从他说的三次话语中你发现了什么？（为了救乡亲，下决心牺牲自己）

第五，教师重点指导朗读，抓住海力布的语气和心情：急切—焦急—镇定。海力布牺牲后，大家的心情很沉痛。（指导朗读）

（评析：通过指导读好对话，进一步走进人物内心，体会海力布焦灼的心情，体会他最终下定决心牺牲自己拯救乡亲们的心路历程。）

第二课时

（一）角色扮演，深入感悟

（1）根据板书提示，简要复述故事梗概。

（2）通过刚才同学们的复述，让我们感受到了一个一心只为别人着想的猎人海力布。他崇高的精神让我们由衷的佩服！下面，就让我们再次浏览课文第7～9自然段，扮演猎人海力布，把他一心为别人着想的精神融入他的语言中。

（3）小组内分角色合作演一演。

（4）小组展示，师生共评价。

（评析：读对话、扮演角色，都是要更深地读懂海力布。只有入情入境，才能透过传说故事神奇的想象，读懂海力布的大爱与大义，也才真正读懂了这个故事，才能从一则看似神奇的民间故事里找到它得以流传的真正原因，把民间故事的魅力展现出来。）

（二）理解民间故事的一般特点

（1）浏览全文，思考：这是一篇民间故事，在情节表达方式、传播方式及流传时间方面有什么特点？

（2）先独立思考，后小组讨论，完成学习卡。

类别	特征
情节表达方式	
传播方式	
流传时间	
其他方面	

（3）小组汇报交流。

（4）教师总结归纳：民间故事的一般特征是：

①情节表达夸张、充满幻想，大都表现人们美好的愿望。

②传播方式为口头传播。

③流传时间久远，往往随着人类的成长历程而经久不衰。

④一般采用象征形式，内容往往包含着超自然的、异想天开的成分。

（三）小练笔

（1）我们了解了民间故事的一般特点之后，知道了它的传播方式为口头传播。如果此时你是一位导游，要向远方来的游客介绍这块名叫"海力布"的石头，你该如何介绍呢？

（2）结合课文内容，给那块叫"海力布"的石头写一段话，简要介绍它的来历。

（评析：民间传说有着独有的表达方式和神奇的吸引力，这些人们口口相传的故事不仅语言生动、情节精彩，往往还蕴含着朴素的道理。是最好听、最神奇、最有趣、最深切的童年记忆。在小学高年级，适当了解、分析这种文体的特点，有助于丰富学生的文学感受。还能使他们更会听故事、讲故事，让语言更接地气，敢于大胆想象，并发现生活中蕴藏的美和哲理。）

板书设计：

猎人海力布

民间故事

起因：救龙女 ⎫
经过：得宝石 ⎬ 舍己为人
结果：变石头 ⎭

（此文获云南省教育学会小学语文教学专业委员会2018年教学设计一等奖）

《猎人海力布》教学反思

　　《猎人海力布》是一则民间故事。民间故事内容比较简单，因为故事神奇的想象和浅显直白的表述方式使学生自己就可以读懂。所以教师要么没什么好讲的，要么教得过深过细。教得过细会陷于对人物和思想情感的深刻挖掘中，又丢了民间故事特有的趣味性及生动性。这一课的教学，我在这两者之间找到了很好的平衡：通过把故事读短又读长，让学生掌握故事内容。再经过读对话、扮演角色等活动品味人物，读懂故事。始终在故事中品味人物、品味情感，使人物始终是神奇故事中的人物。而神奇的想象烘托了鲜明的人物品质，使学生们真正感受到了民间故事的特点和魅力。在此基础上，跳出故事，分析、归纳民间故事的特点，进一步加深了学生对我国浩瀚的民间文化的兴趣和认识。

人教版小学语文三年级下册《画杨桃》教学设计

教学目标

1. 知识目标

（1）学会本课14个生字，能正确读写词语。

（2）有感情地朗读课文，背诵第18自然段。

2. 能力目标

培养学生的悟性，养成自己读书的习惯。培养学生抓住语言、动作、神态和心理变化来描写人物的方法。

3. 情感目标

知道同一个物品从不同的角度看会有不同的结果。

教学重难点

重点：联系课文内容，理解教师通过画杨桃这件事所说的道理。

难点：懂得通过语言、动作、神态和心理变化来描写人物的方法。

教学准备

杨桃的实物、课件。

教学过程

（一）导入

（1）出示实物杨桃，问：哪位小朋友知道，这是什么？

学生自由发言，说一说对杨桃的了解。

（2）向学生介绍杨桃。（出示PPT）

（3）让学生观察杨桃实物，说一说在不同位置看到的杨桃是什么样的？实话实说。

（4）过渡：同学们在不同的座位上看到的杨桃是不一样的，把你看到的杨桃画下来又会是什么样子的呢？今天，让我们一起来学习第11课《画杨桃》。（板书题目）

（二）导学

活动一：了解课文内容

活动任务：讨论这篇文章写了一件什么事？

活动流程：

（1）明确任务，呈现活动一，抽一个小组读要求。

（2）自主学习。自由轻声读课文，思考问题，并圈画出生字、新词。

（3）小组讨论，完成学习记录卡。

学习记录卡：这篇课文主要讲了在图画课上，我把＿＿＿＿＿＿＿画成＿＿＿＿＿＿＿，结果同学们都＿＿＿＿＿＿＿，老师让同学们坐到我的座位上观察，发现＿＿＿＿＿＿＿，由此教育同学们＿＿＿＿＿＿＿。

（4）展示分享。一个小组展示讨论成果，其他小组进行分享、补充、追问、质疑等。

（5）教师梳理提升。

（6）学习生字、新词。

活动二：体会感悟人物特点

活动任务：画杨桃这件事中，写了哪些人物？他们各有哪些特点？

活动流程：

（1）明确任务，呈现活动二，抽一个小组读要求。

（2）自主学习。自由浏览课文第2～18自然段，思考问题。

（3）用"～～～"勾画出描写老师语言的语句，用"＿＿"勾画出描写同学们语言的语句，体会各自的心理变化，试着在课本上做批注。

（4）小组讨论，完成记录卡。

人物表现	动作	神态	心理变化
老师			
同学			

（5）展示分享。一个小组展示讨论成果，其他小组进行分享、补充、追问、质疑等。

（6）教师梳理提升。

① 重点做如下指导，（语言）"这幅画画得像不像？""不像！""它像什么？""像五角星！""现在你看看还像杨桃吗？""不……像。""那么，像什么呢？""像……五……五角星。"

② 补充提示语，体验同学们嘲笑我的话语。鼓励学生个性化朗读，可以用肢体语言，比如，神态、手势等。同时说说为什么要这么朗读？学生互相评价。"这幅画画得像不像？""不像！"同学们＿＿＿＿＿＿地说。（不假思

索地大声说）"它像什么？""像五角星！"大家_____地说。（异口同声）"现在你看看还像杨桃吗？""不……像。"他_____地说。（结结巴巴）"那么，像什么呢？""像……五……五角星。"他_____地说。（迟迟疑疑）

③（神态）抓住"和颜悦色、审视"，先说说这些词语的意思，再用这两个词语说话。

④（心理变化）孩子们想法的变化。

活动三：追根溯源，领会教导

（1）"我"为什么会把杨桃画成五角星？

（2）用"____"画出父亲是怎样教"我"学画的。

（3）体会"叮嘱"，并换一个词填入课文中，与之意思相近。用"叮嘱"造句。

（4）"想当然"是什么意思？（凭主观推测，以为事情大概是这样或应该是这样的）

（5）老师和父亲的话有哪些相似的地方？（做事情要实事求是）又有哪些不同之处？（老师的话语中又提到要尊重别人的看法）

（6）为什么说他们的教诲使我一生受用？（因为他们的话让我明白了：我们做事或看问题应该实事求是。当别人的看法、做法与自己的不同时，不要急于下结论，要从别人的角度去看、去想，一切从实际出发。坚持这种科学的思想方法，就能使我们终身受益。）

（三）导结

同学们，今天我们通过学习《画杨桃》这一课，应该懂得：当别人的看法和自己的不一样时，不要先认为别人是错的，要看他是从什么角度去看的，还要相信自己的眼睛，一定要实事求是。

板书设计：

画杨桃

实事求是

父亲　老师

教诲

一生受用

《画杨桃》教学反思

《画杨桃》是人教版小学语文第六册第三单元的一篇精读课文。本单元围绕"怎样看问题，怎样想问题"这个专题展开。本组课文语言朴实生动，含义深远，都是用具体的事情来说明一个道理。有关思想方法的专题在前几册教材中都有所涉及，本单元在此基础上有所扩展，不断提高。

本篇课文循循善诱，饱含哲理，字里行间表现出高超的教育艺术。课文脉络清晰：先略写父亲教育"我"画画要实事求是。接着具体叙述"我"把杨桃画成五角星的事，最后写父亲和老师的教诲使"我"一生受用。作者抓住对人物的对话、神态的描写，突出了老师对"我们"循循善诱的教育，生动形象地说明了从不同角度观察，会有不同结果的思想方法。

我引导学生用心看、仔细找、反复读、大胆说。通过直观地看杨桃图片、杨桃实物，找文中重点词句体会，反复朗读关键语句段落，感悟文本。大胆交流，联系实际，表达见解想法。在分析重点段落时，引导学生自读自悟，再配以不同方式的朗读，换位体会，亲身体验，升华感悟。

引导学生朗读描写语言的句子，在读中渗透省略号所表达的意思。这样一结合，学生反而读得有滋有味，效果非常好。遗憾的是，学生对本节课告诉我们的道理，理解不到位。可能是我在展现了老师的话后，没有对老师的话进行深层的理解，下课时间就到了。

人教版小学语文四年级下册《乡村四月》教学设计

教学目标

（1）认识生字，正确读写"规、闲"等字词。

（2）有感情地朗诵、背诵、默写古诗。

（3）体会诗的内容，想象诗中所描绘的景物，体会诗人的思想感情。

（4）培养阅读古诗的兴趣和对古诗词的热爱之情。

教学重难点

抓住重点词句，感悟诗歌的魅力，同时进行扎实的语言文字训练。

教学方法

以读为本，读议结合，小组合作，适时点拨。

教学过程

（一）导入

同学们，我们生活在繁荣的都市，感受着现代文明的气息，同时也呼吸着污浊的空气。举目高楼大厦，却难见蓝天白云；举足车水马龙，却总是来去匆匆。这就是我们都市生活的最真实写照。于是假日里，我们便走出都市，向往……（蓝蓝的天空，碧绿的山原，清新的空气……）这样的地方有吗？（乡村）

其实，很多诗人都喜欢乡村田园生活，南宋诗人翁卷就是其中一位。相对李白、杜甫，翁卷对于大多数人来说，都很陌生，那我们就先简单地了解一下他。他是浙江永嘉（温州）人，很有才华，却没有做官，喜欢田园生活，擅长作田园诗。今天，我们来学习他的一首《乡村四月》。

板书：乡村四月（齐读两遍，跟写）。

读完题目，你知道这首诗描写的地点是哪儿吗？时间是什么时候呢？

乡村是地点（江南一带），四月是时间（初夏时期）。

听老师读诗题，从老师的朗读中，你听出了什么？（听出了向往之情）是啊，我向往乡村四月。来，我们大家一起再来读一遍课题，带上向往之情。现在，让我们随着诗人一起走在乡村的小路上，去欣赏乡村初夏的美景吧！

（二）导学

活动一：初解诗意

（1）请大家大声读读这首诗，注意要把字读准，把句子读顺。（自由读）

（2）谁愿意在大家面前吟诵吟诵？

①多音字：卷、了。

②生字：蚕、桑。

（3）听课文录音，注意听一听节奏，听两遍，画出节奏。自由读、抽学生读，把诗读通顺（用喜欢的方式读）。

（4）小组读、齐读，读出节奏。

（5）读书百遍，其义自见。下面让我们一起来说说诗句的意思吧！请同学们回忆一下，理解古诗意思有哪些方法呢？（注释、联系上下文、字典、请教别人……）

（6）先自己利用这些方法悟一悟，不懂的可以请教别人或4人小组合作学习。

（7）学生汇报自己的理解。

你明白了哪句话的意思？

活动二：品读美景

（1）刚才同学们说的只是乡村四月大概的轮廓。请同学们自己先思考一下：在诗中，你看到了什么？听到了什么？用"＿＿＿"在诗句中勾画出来。

通过小组合作，把你们的答案写在纸上，然后汇报交流。

（2）教师随着学生写的词语，问：你看到了什么？你听到了什么？

根据学生汇报板书：山原白川

规烟雨

（3）教师梳理提升。

① 很多人写了"山原"，那就首先看看山原，领悟"山原"。

② 烟雨：更美的是，山原、田野都笼罩在雨里，谁能说说这又是怎样的雨啊？

③ 子规：最妙的是在这如画般的景色中，还听到了……那是怎样的鸟叫声啊？

（4）回到整体。

绿的山原、白的水田、如烟的雨、如歌的子规声，谁能用自己美好的语言，把这两句诗的意思连起来说说？

（5）播放乡村风景图片。边播边渲染：这就是诗人笔下的"绿遍山原白满川，子规声里雨如烟"的美景！

活动三：品读人勤

过渡：是啊，这哪里是乡村？这简直就是人间仙境！生活在那里的人一定无比幸福，此时他们又在干些什么呢？

（1）读后两句诗，问：他们在忙些什么呢？（采桑养蚕，插秧种田）

（2）采桑养蚕、插秧种田是农民的必修课，这是多么勤劳的村民啊，读出感觉。

（3）问：他们仅仅是在采桑养蚕、插秧种田吗？是哪些词告诉你的？（闲人少）也就是说那里的什么人多？（忙人多）

（4）想象他们在忙些什么。（在黑板的一边写下学生提及的农活，比如，喂鸡、放牛、犁田、翻土、种树……）

（5）质疑：诗人为什么不痛痛快快地写忙人多，却要写闲人少呢？

（6）从"才了……又……"你感受到了什么。（繁忙）

（7）是啊，简单的3个字写出了一片繁忙的景象，刻画了村民勤劳的形象，我们也来学诗人作两句诗吧，把没写进诗歌的"忙"也写进去，比如，乡村四月闲人少，才了喂鸡又……

（8）鼓励学生作诗。

如果不说乡村四月，而是说我们的校园生活，大家能否也作几句诗？如每到六月我们都忙着做什么？那我就以"校园六月闲人少"为前一句，下一句怎么用"才了……又……"接?

活动四：悟读升华

（1）多动听的诗歌啊！如果你是诗人，此时走在乡村的小路上，展现在你的眼前是（美若仙境的田园风光）。你是诗人，你陶醉了，你诗意正浓，于是你作诗一首《乡村四月》并诵读（配乐朗诵，读出陶醉美）。

（2）看着（勤劳忙碌的人们），你又怎好意思闲着呢，于是你大笔一挥，欣然作诗《乡村四月》，并且读全诗。

（3）是啊，你是诗人，你要赞美这里的景……（美）这里的人……（勤）于是你把你的感情融进了这一首诗：读《乡村四月》（读出赞美之情）。

（4）是啊，美若仙境的田园风光，勤劳忙碌的人们，多么富有生活气息的画卷啊！你舍得离开这里吗？想把它带走吗？有感情地再读读吧，把它刻在心里。让我们一起来欣赏古诗新唱《乡村四月》！

（5）背诵古诗。

（三）导结

今天你收获了什么?

学了这首古诗，你有什么话要说吗?

（四）拓展阅读

像翁卷这样写田园诗的诗人还有陶渊明、谢灵运、谢朓等，找出他们的诗读读，你一定会有更多的收获。

（五）作业

默写古诗，积累描写山水田园风光的古诗。

板书设计：

乡村四月

（宋）　翁卷

景	山	原（绿）	川（白）	美
	子规	鸣雨	如烟	
人	闲	人少		勤
	才……又			

《乡村四月》教学反思

《乡村四月》是宋代诗人翁卷所作，全诗以白描的手法写江南农村初夏时节的景象。前两句着重写景，山坡田野间草木茂盛，平展的稻田里波光粼粼，天空中烟雨蒙蒙、杜鹃声声，大地一片片欣欣向荣的景象。后两句着重写人，四月到了，农活多了，农民们在田间地头忙开了，又是蚕桑又是插秧，突出了"乡村四月"的劳动紧张、繁忙。整首诗就是一幅色彩明丽的图画，不仅表现了诗人对乡村风光的热爱与欣赏，也表现出了诗人对劳动人民、劳动生活的赞美。

在初读部分，我做得还不是很到位：我在初读中安排了三个层次的朗读：第一个层次是希望学生通过朗读能够读准字音，读通句子；第二个层次的朗读，目的是让学生通过自由读能够读懂一些字词的意思；第三个层次的朗读，则是希望学生能够读出一点儿节奏和韵味来，把握这首诗的情感基调。在教学过程中，第一个层次的朗读学生掌握的还可以，但第二个层次上的目标实现得还不是很好，自身对于课堂和学生也还很陌生，没有与学生之间进行良好的沟通，再加之听课的教师比较多，使学生产生了畏惧，所以在引导学生读懂字词方面耗时很多。比如说，"山原"这个古今用法不是很相同的词也没有引导学生去了解，"白满川""雨如烟"等也没有很好地让全体学生一起进行理解、感悟。

整节课最大的缺憾是，一节课40分钟，居然没有上完一首诗，使学生学无所获。

此次教学，经过认真反思，在以后的教学中，自己应从以下几个方面努力改进：

（1）课前一定要熟悉学生，只有备好学生的课，才能更好地驾驭课堂，使学生的学习有所收获。

（2）上课前、课堂上都要对学生进行表扬，激发学生学习的积极性、主动性。

（3）教师对课堂中临时出现的意外，要适时地加以引导，比如，当学生很畏惧，不敢发言时，教师要学会鼓励。同时，加强自身语言能力的修养，吸引学生学习的注意力，从而忘记听课老师，全身心投入学习。

（4）我们的学生经历的大场面太少，拘谨、胆小、不善沟通与交流，今后，要多在公众场合开展活动，使学生多接触大场面，多受锻炼！

统编版六年级上册《文言文二则》教学设计

教学目标

（1）能正确、流利地朗读课文。背诵《伯牙鼓琴》。

（2）能根据注释和课外资料理解词句的意思，能用自己的话讲讲《书戴嵩画牛》的故事。

（3）积累中华经典诗文，感受朋友间的真挚友情；引导学生学会认真、仔细地观察事物，不凭空想象、不迷信权威。从客观事实出发，要因事求人，大家都有自己的特长。

教学重难点

重点：学生能凭借注释和工具书读通、读懂课文内容，并在此基础上背诵积累。

难点：感受朋友间的真挚友情，引导学生学会认真、仔细地观察事物，不凭空想象、不迷信权威。要从客观事实出发，要因事求人，大家都有自己的特长。

教学准备

（1）学生课前预习。

（2）PPT课件。

教学过程

第一课时

（一）激趣导入

1. 教师播放音乐《高山流水》

（1）导语：同学们，老师给大家带来了一首美妙的音乐，请你静静地听一听，说一说你的感受。

（2）抽学生说感受。

2. 揭示课题

（1）导语：古代有一位叫钟子期的人，他擅长听音乐，特别擅长听一位叫伯牙的鼓琴师所弹奏的音乐，音乐里隐含的内容，他总能道出其含义。今天，我们就一起来学习关于他们两人之间的故事。

（2）揭题《伯牙鼓琴》，板书课题。

（二）方法导学

1. 思考

学习文言文有哪些方法？

2. 教师引导得出的学习方法

（1）借助注释学习。

（2）查工具书。

（3）多读自悟。

……

（三）初读课文，读通读顺

1. 初读课文

（1）学生自由读课文，要求读准字音，读通句子，难读的地方多读几遍。

（2）抽学生读课文，重点检查读音是否正确。重点指导"汤"的读音为"shang"。

（3）全班齐读，读准字音。

2. 读出节奏

（1）教师范读，学生边听边思考：老师读的与刚才大家读的有什么区别？

（2）用"/"画出老师读的节奏。

（3）根据画出的节奏，自己练读。

（4）全班齐读，读出节奏。

（四）小组合作，理解意思

1. 自主学习

（1）根据我们学习文言文的方法，试着理解一下词句的意思。

（2）用"＿＿"勾画出自己还不理解的词句。

2. 小组合作

（1）由小组长组织，开展小组合作学习（最好4人一小组为宜）。

（2）小组内组员轮流分享自己学懂的词句，分享方式为补充式分享（即别人说过的自己就不说了）。

（3）小组内找出大家都不理解的词句。

（4）带上组内问题与其他小组开展学习分享活动，解决组内不理解的词句。

3. 小组分享

（1）由一个小组主要发言，其他小组补充交流。

（2）用自己的话试着讲讲这个故事。

4. 教师梳理完善

伯牙鼓琴，钟子期听之。方鼓琴而志在太山，钟子期曰："善哉乎鼓琴，巍巍乎若太山。"少选之间而志在流水，钟子期又曰："善哉乎鼓琴，汤汤乎若流水。"钟子期死，伯牙破琴绝弦，终身不复鼓琴，以为世无足复为鼓琴者。

意思是：伯牙弹琴，钟子期听他弹琴，伯牙在弹琴时想着泰山，钟子期说："弹得好呀，就像那巍峨的泰山。"一会儿，伯牙子又想到流水，钟子期说："弹得好呀，就像那浩浩荡荡的流水。"钟子期死了以后，伯牙摔琴断弦，终身不再弹琴，认为世上没有值得他为之弹琴的人。

（五）再读感悟，体会情感

1. 边读边思考

全班齐读课文，边读边想课文的主要意思。

2. 重点引导，理解感悟

（1）出示："伯牙破琴绝弦，终身不复鼓琴，以为世无足复为鼓琴者。"

（2）抽学生读这句话。

（3）说一说这句话的意思。

（4）思考：伯牙为什么这样做？

（5）出示钟子期墓，创设情境：此时，你就是伯牙，你就站在钟子期的墓前，你会对地下的子期说些什么呢？

（6）结合课文理解"知音"的含义，体会钟子期与伯牙之间真挚的友情。

3. 试着背诵这篇课文

板书设计：

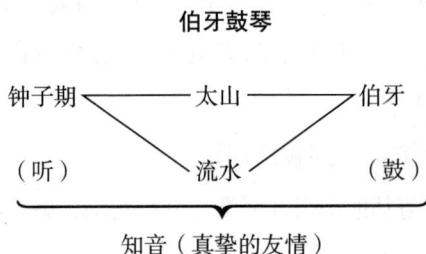

伯牙鼓琴

钟子期 —————— 太山 —————— 伯牙

（听） ————— 流水 ————— （鼓）

知音（真挚的友情）

第二课时

（一）故事导入

（1）教师讲故事《画家和牧童》，边听边想：你认为故事中的画家和牧童，你更喜欢谁？为什么？

（2）引出课题《书戴嵩画牛》，这是苏轼写的一篇题跋。

（3）何为"题跋"呢？教师给出解释：题跋指写在画、书籍、碑帖上的文字，叫"题"，写在后面的叫"跋"，总称"题跋"。题跋体裁不限，可以是诗、文、词等。文字不多，但努力达到"笔简而意足"。

（4）同学们对苏轼有哪些了解呢？学生交流课前搜集的相关资料。

（5）教师介绍：苏轼（1037—1101），字子瞻，又字和仲，号东坡居士，世人称其为"苏东坡"，与其父苏洵，其弟苏辙并称"三苏"。汉族，眉州（今四川眉山，北宋时为眉山城）人，祖籍栾城。北宋著名文学家、书画家、词人、诗人、美食家，唐宋八大家之一，豪放派的代表人物。其诗、词、赋、散文，均成就极高，且善书法和绘画，是中国文学艺术史上罕见的全才，也是中国数千年历史上公认的文学艺术造诣很高的大家之一。其散文号称"雄视百代"，与欧阳修并称"欧苏"；诗与黄庭坚并称"苏黄"；词与辛弃疾并称"苏辛"；书法名列"苏、黄、米、蔡"北宋四大书法家之一，其画则开创了湖州画派。

（二）重点句引导，初步理解课文内容

（1）引导语：在这篇题跋中，有这么一句话——出示课件：一日曝书画，有一牧童见之，拊掌大笑曰："此画斗牛也！牛斗力在角，尾搐入两股间。今乃掉尾而斗，谬矣！"

给出注释。拊掌：拍手。搐：抽缩。股：大腿。乃：却。掉：摆动，摇。谬：错误。

（2）用多种方式读这段话，注意读准字音。（全班齐读、男女生读）

（3）根据老师给出的注释，说一说这段话的意思。

（4）想一想：牧童为什么拊掌大笑？请同学们做一做这个动作。再读这段话，读出牧童此时的心情。

（5）你认为牧童说的对吗？为什么？结合学生回答强调"古语云：'耕当问奴，织当问婢。'不可改也。"的含义。

（6）结合课后注释，和同桌讲一讲这个故事。

（7）想一想：从这个小故事中，你明白了什么？

（三）教师梳理完善

书戴嵩画牛

原文：

书戴嵩画牛蜀中有杜处士，好书画，所宝以百数。有戴嵩《牛》一轴，尤所爱，锦囊玉轴，常以自随。一日曝书画，有一牧童见之，拊掌大笑曰："此画斗牛也！牛斗力在角，尾搐入两股间。今乃掉尾而斗，谬矣！"处士笑而然之。古语云："耕当问奴，织当问婢。"不可改也。

译文：

四川有个杜处士，喜爱书画，他所珍藏的书画有几百种。其中有一幅是戴嵩画的牛，（杜处士）尤其珍爱。他用玉做了画轴，用锦囊装起来，经常随身带着。有一天，他摊开了书画晒太阳，有个牧童看见了戴嵩画的牛，拍手大笑着说："这张画是画的斗牛啊！斗牛的力气用在角上，尾巴紧紧地夹在两腿中间。现在这幅画上的牛却是翘着尾巴在斗，错了！"杜处士笑笑，觉得他说得很有道理。古人有句话说："耕种的事应该去问农民，织布的事应该去问女佣。"这个道理是不会改变的呀！

（四）拓展延伸

试着把《伯牙鼓琴》和《书戴嵩画牛》其中一篇文言文改写成一篇小故事。

板书设计：

书戴嵩画牛（题跋）
— 画中牛（掉尾而斗）×　　耕当问奴
— 牧童（尾搐入两股间）√　　织当问婢
　　　　　　　　　　　　　不可改也

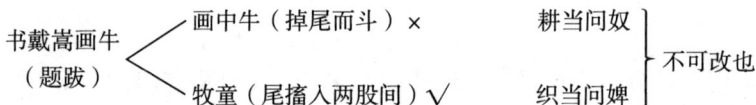

（此文获云南省教育学会小学语文教学专业委员会2018年教学设计二等奖）

4

第四章

习作教学

从生活中来　到习作中去

现在的小学生思维活跃，获取信息的渠道多种多样，但一提起习作，他们就会皱起眉头，觉得无话可说，教师也觉得难以应对。我认为小学生脱离了现实生活，缺乏生活经验，这是造成他们习作源泉不畅的重要原因。教育家叶圣陶说过："习作要说真话，说实话，说自己的话。"他强调习作要讲究"真实"。真实是习作的基础要求，编造的内容不是自己的亲身经历和体验，写起来东拼西凑，就会空洞无物、缺乏真情，久而久之，容易养成不留心生活，胡编乱造的习惯。如何才能让小学生写出真人真事，抒发真情实感呢？我认为，只有丰富小学生的生活，引导他们热爱生活，仔细观察生活，感悟生活，才能写出真人真事，抒发出真情实感。

一、丰富生活，拓展习作素材

叶圣陶先生说过："习作原是生活的一部分，生活就如泉源，文章犹如溪水，泉源丰盈而不枯竭，溪水自然活泼地流个不息。"根据叶圣陶先生的教诲，结合小学生的特点，我认为只有丰富小学生的生活，使他们接触更多的事物，增长见识，开阔视野，丰富生活经验，才能为习作奠定良好的基础。

（一）丰富学生生活有两条途径

第一条是直接的途径，让学生亲自参与。生活中的习作素材有很多，但生活中的人、事、物、情和景，对于初学习作的学生往往缺少"抓"和"写"的意识，需要教师或家长的点拨、揭示并加以指导。为了使学生积累更多的习作素材，我们可以这样做。

1. 开展多彩的活动，感受童年之乐

我们生活在一个信息发达的时代，却没有给孩子带来更多的童年乐趣，他

们的生活空间几乎只有学校与家庭，更多的是做学校布置的作业。完成作业后就沉溺在电视、游戏或者网络里，一个人的自娱自乐已成了他们的生活习惯。试想，这样的孩子，生活如此单调，怎能写出那一篇篇深情的、展现多彩童年的习作来呢？于是，组织开展多彩的课外活动，丰富学生的课外生活，成为一位语文教师应该重视事情。比如，带领学生走出课堂玩"老鹰抓小鸡"的游戏，和学生们一起到操场上踢毽子、打羽毛球，组织一次拔河比赛，利用班课开展一次包饺子竞赛……学生只有亲自体验过，才能写出实践活动的经过和感受，抒发真情实感。由于这些活动丰富了学生生活，增长了学生的见识，提高了学生的认知能力，因而写出的文章自然就有条理，语言也比较生动活泼，具有一定的生活气息。

2. 走进广阔的天地，感受自然之美

美丽的大自然给学生提供了大量的写作素材。带领学生观察四季的校园，感受一花一草一木的美丽之处，引导学生感知一年四季校园里的不同变化，激发他们的学习兴趣，进而使他们产生表达的愿望。组织学生外出郊游踏青，感受春日的脚步，那发芽的小草，绽放的花朵……通过细致入微的观察，让学生实实在在地感受到自然之美，唤起学生的创作灵感。

3. 关注家庭生活，感受亲情之暖

"情以物迁，辞以情发"，有感情的习作才显得真实，才有内涵。离开学校，学生的很多时间是在家里度过的。在家里能触动学生内心的，是无时无刻不围绕在身边的亲情。可是如何从生活中的细节感受到亲情呢？这就要求语文教师要引导学生观察生活，用心体会身边的亲情，做生活的有心人。记得在"三八"妇女节前夕，我给学生布置了一个任务，每人给妈妈做一张贺卡，或学烧一道菜，但是不能让妈妈知道。等到"三八"妇女节这一天，在完成任务的同时，要注意认真观察妈妈当时的神态、动作，用心体会妈妈的思想感情。这一任务引起了学生的极大兴趣。后来，同学们兴致勃勃地告诉我他们在做的过程中遇到的困难，领悟到妈妈的辛苦，妈妈收到礼物时的喜悦和激动，在做的过程中经历的趣事……结合这次实践活动，我引导学生写了一篇习作。学生由于选择角度不同，表达的情感也不同，真正做到了"我笔写我心、我笔抒我情"。

4. 关注周边人、事、物，感受生活之真

只要善于发现，生活中的点点滴滴都能成为学生写作的素材：一个同学不小心摔了一跤，脚扭伤了，同学们扶着他走路；一个同学今天身体不舒服，吐了一地，旁边的同学帮着打扫干净；在路上看到小妹妹摔倒了，及时扶起来；在公交车上，主动为老奶奶让座；一名同学捡到了钱包，主动交给老师，老师帮忙寻找失主；一名同学路遇残疾人过马路，主动搀扶……引导学生感受人与人之间的缕缕真情，感受生活中处处存在着的真善美，鼓励他们用自己的笔记录下对生活最真切的感受。我相信，那一行行文字表达的是孩子们的心声，展现的是孩子们最真实的思想。尽管孩子们有时有些稚嫩，但却也体现了他们对真善美的最初的认识。

（二）丰富学生生活的第二条途径是间接的途径

学生通过阅读书籍、听广播、看电视等来感受作品意境，丰富学生的精神世界。在这个过程中，学生不应走马观花，跟随自己的兴趣，教师要引导学生做生活的有心人。比如，在读书的过程中摘录好词好句、精彩片段、名人名言、搜集一些科普知识，丰富学生的知识积累。搜集的形式可以多种多样：笔记式、剪贴式、卡片式都行，只要自己使用起来方便就行。听广播、看电视之后，可让学生把听到的或看到的精彩片段讲给同学、老师或家长听，一方面锻炼了学生的口头表达能力，另一方面也为写好习作做了很好的铺垫。

教师无论是采用直接的还是间接的途径来丰富学生的生活，都会使学生的习作成为有源之水、有本之木。丰富的生活为学生积累了大量的写作素材，要使学生真正写出真情实感，还要引导学生热爱生活。只有让学生满腔热忱地对待生活，被生活吸引，他们才会产生把美妙生动、丰富多彩的生活记录下来的冲动。让学生有话想写，才会对习作产生浓厚的兴趣，也才会表达出自己的真情实感。

二、观察生活，掌握习作技巧

（一）培养观察的兴趣

兴趣是最好的老师，小学生的好奇心特别强，但注意力却常常容易分散。他们的观察常常是无意观察，而他们对感兴趣的事物往往会倾注极大的热情，

禁不住想亲自摸一摸、看一看、闻一闻、尝一尝，甚至去试一试。教师在引导学生观察时，应该根据小学生的观察特点，充分调动学生的各种感官参与，如眼看、手摸、鼻闻、舌尝等。让学生从中获取更深的情感体验，使学生的注意力稳定地集中在观察对象上，从而提高观察的持久性。比如，在教学观察一种水果时，我让学生把自己最喜爱的一种水果带到课堂上来。辅导习作时，让学生努力调动各种感官参与。注意观察水果的形态特征，想想它们像什么，用恰当的词语或句子把它们的形象反映出来，之后可以亲口尝一尝是什么滋味。由于学生带的水果是自己最喜爱的，又可以在课堂上亲口品尝，因此，大大地提高了学生观察的兴趣，提升观察的持久性。

（二）观察要掌握方法，养成习惯

1. 明确重点，有序观察

掌握了一定的观察方法，有利于增进学生认识的条理性，习作的思路才会清晰。在指导学生进行有序观察时，必须强调观察应主次分明、详略得当，要紧紧抓住重点，进行有序观察。比如，在指导学生写《我们的学校》这一篇作文时，我指导学生通过总体观察学校的外观，然后找到学校中你最感兴趣的景物或某个角落来写。有名学生这样写道：每天来到学校，走进大门，就是学校有名的香樟大道。大道两旁，各笔直地站立着10棵香樟树，这20棵香樟树就像20位老师，每天都在这里，无论酷暑还是寒冬，都笔直地站立着，迎接我们的到来，陪伴着我们快乐地成长。学校的围墙上爬满了绿绿的爬山虎，衬出了浓浓的秋意。香樟大道的后面就是迎风飘扬的五星红旗……学生们通过有序的观察，把学校的特色景物写了出来，表现出了学校独有的特点。

2. 寻找联系，合理想象

观察事物不能只为观察而观察，还应展开想象来丰富文章的内容。因为事物之间都是互相依存、彼此联系的。要由表及里地去认识事物，找出它的内在联系，从而全面地了解事物。比如，在进行习作——《春天来了》时，我先领着学生们到野外去寻找春天，回来后，有一名学生在习作中写道："春天来了，各种各样的花开了，有桃花、梨花、杏花、杜鹃花、油菜花……"在讲评时，我用波浪线标出了这句话，告诉学生这是一个好句子，但观察的不够细致，各种各样的花有它们各自的特点，我们要抓住它们各自不同的特点进行观察，并根据特点展开合理的想象。这样，我们写出的文章内容才会充实。放学后，学生们又去观察。回来后，有的学生写道："桃树、杏树、梨树，你不让我，我不让你，都开满了花，像赶趟儿似的。红的像火，粉的像霞，白的像雪。花里带着甜味儿。闭了眼，树上仿佛已经满是桃儿、杏儿、梨儿。"还有的学生写道："春姑娘步履轻盈，悄悄来到田间。你瞧，一片片油菜竞相绽开了黄澄澄的花。桃花，像姑娘们粉红色的脸蛋儿，有的迎着轻柔的春风最先开放了，正像那些大胆的姑娘一样，露出了笑脸；也有的羞羞答答的，想笑，又咬住鲜红的嘴唇，是那般含苞欲放。春姑娘来到河岸，为它披上了毛茸茸的绿毯，星星点点的野花开了，金黄的，粉红的，雪白的，淡红的，紫色的……"经过指导，学生再次细致观察，合理想象，在习作时，写出的句子更能体现春天花儿的美，不仅有形，还有了味，为习作增色不少！

3. 善于比较，捕捉特点

事物有自己的共性，也有自己的个性，个性就是区别于其他事物的地方。观察时，只有抓住事物的特点，边看边想，进行深入细致的观察，才能深刻了解事物、认识事物、把握事物的本质。然后习作时才能把习作的内容写具体，写生动。小学生观察事物大多是笼统的，不善于抓事物特点。教师在指导观察时就要适时引导，比如，前面提到的观察小白兔时，学生都能说出"小白兔全身雪白无瑕，长着一双又长又大的耳朵，两只红红的眼睛和一张三瓣嘴"。小白兔的三瓣嘴究竟是什么形状的呢？教师就可以适时引导"狗的嘴巴是'V'字形的，看一看，小白兔的嘴巴是什么形状的？"让学生看一看、想一想、议一议，得出"小白兔长着一张'Y'字形的三瓣嘴"。通过这样的指导，学生抓住了事物的特征，使观察能力得到了进一步提高。

总之，培养学生的观察能力，养成时时、事事留心观察的好习惯，不但能激发学生热爱科学、认识社会的兴趣，而且可以提高学生的写作水平。让学生在观察中生活，在生活中观察。

三、感悟生活，抒发真情实感

《新课标》强调小学生的习作要有真情实感，能不拘形式地写下见闻、感受和想法。注意表现自己觉得新奇有趣的或印象最深、最受感动的内容。这

种能力的训练应该贯穿于整个小学阶段的习作学习之中。作为学生习作的指导者、引路人，我们要更多地站在学生的角度去观察、感受、思考、感悟生活，培养学生敏锐的观察力和感受力。引导学生合理想象，把感、情、美、新写进文章。学会从多渠道选材，多方面体悟，加强实践感悟，在习作中写出自己在生活中的感悟，才能让自己的习作打动人心！

为了让学生写出感人至深的作品，我引导学生从点点滴滴的小事中体会生活，体会人间的真挚情感。二年级时，我让学生们周末为爸爸妈妈洗一次脚，并写下感受。一名学生是这样写的："以前都是妈妈给我洗脚，我觉得很舒服。今天我帮妈妈洗脚，心里真高兴！给妈妈洗脚时，我发现妈妈的脚很粗糙，有很多老茧，摸着很刺手。我想，一定是妈妈为了我们的生活，每天辛苦劳累，脚才会变成这样的。妈妈把我养这么大真的很不容易！我决定每个星期都给妈妈洗一次脚，让妈妈也舒服舒服。"多么朴实的语言，多么真实的感悟，真切地写出了孩子的内心世界。

只有感悟，才能丰富学生的情感；只有感悟，学生才能写出真实感人的文章。正确引导学生去体会人间真情，等于间接地给了学生习作的材料，学生的习作就不会那么枯燥。

小学生的生活是多方位的，立体的，现实生活可以说"无事不能入文"。让我们坚持以真实的生活为题材，以生活需要为目的，仔细观察生活，写自己感兴趣的事，说自己想说的话，真正提高学生的习作水平。总之，生活中到处有书写的素材，善于积累并从中进发灵感，就会溅出奇异的习作浪花。

参考文献

［1］杨树芳.小学语文教育教学论文［C］.西安：陕西大学出版社，1998.

习作教学案例——生活感悟

《感悟时间的快慢》教学设计及评析

教学目标

（1）学会运用联想、想象、插叙、倒叙和心理描写等方法，把场面描写具体。

（2）学会用上"这时，我想……""此刻，他回忆起……""就在这千钧一发的时候………""就在这时候……""他的行为，使人联想起……"等，把时间拉长，把文章写得更细更具体。

（3）感受时间匆匆地流逝，学会珍惜时间。

教学过程

（一）理解时间

出示句子："一寸光阴一寸金，寸金难买寸光阴。丢了寸金有钱买，丢了光阴无处寻。"

（1）你如何理解这句话的意思？

（2）小组内交流一下你的理解。

（3）小组代表汇报交流。

（4）教师归纳总结：时间，确实是我们最最宝贵的东西。今天，我们就要做有关时间的游戏，让我们感受时间的可贵，感受时间的匆匆，也看到时间的长短和我们的心理状况是有关系的。想知道今天的游戏有哪些吗？请跟随老师一起来感受。

（评析：通过理解名言警句，使学生对时间有初步的感受，为后面的学习

活动奠定基础。）

（二）感悟时间

活动一：抄写词语

（1）请同学们拿出笔记本，打开语文课本，从老师喊"开始"起，你们手中的笔就不能离开本子，要一刻不停地抄写词语，一直到两分钟时老师说"停"为止。

（2）数一数自己抄写了几个词语，写在笔记本上。

（3）请大家回忆一下刚才抄写词语的情景，写一写自己的感受，看这两分钟是长还是短，是快还是慢？时间同样只给两分钟。

（评析：在学生还没有完全进入状态之前，用抄词语的方式，感受两分钟的时间。因为此时没有对比，对于专心致志的学生而言，时间过得很快；对于学习比较吃力的学生而言，时间过得很慢。）

活动二：动作定格

（1）观看《西游记》中孙悟空定格动作画面，明确"定格"的含义。

（2）每名学生做一个小动作，这个动作要有创意，要与众不同。而且在做这个动作时还必须"定格"两分钟之久，一点儿都不能动弹，要像一个小木头人似的。请写一写，你将做一个什么样的动作呢？请写仔细。做这个动作时，头怎样？身体怎样？左右手怎样？左右脚怎样？写完后，教师请一名同学读读自己写的动作，并带领全班学生根据这名同学读的内容，把这个动作做出来。

（3）请每名同学做一个有创意、与众不同的"定格"的动作，这个动作必须持续"定格"两分钟。要求：当老师说"开始"时，你的动作就"定格"了，只有当老师说"结束"时，才能活动。

（4）请大家写一写自己的感受，看前面的两分钟长，还是刚才的两分钟长？

（评析：此活动的设计，目的是让学生感受慢动作的两分钟，在做"木头人"的两分钟里，静静感受时间的流逝，并与"活动一"进行对比，感受时间的快慢。）

活动三：自由活动

（1）给每个同学两分钟自由活动的时间，随你干什么，玩什么，只要不离开教室就行。要求：当老师说"开始"时，大家开始自由活动；当老师说"结束"时，要求所有同学立即安静，并有序回到座位上。

（2）这时，再请大家写一写自己的感受，看刚才的两分钟和前两个两分钟相比，是长还是短，是快还是慢？

下面，我们就开始吧！

（评析：在静静感受了两分钟之后，放松活动，是每一名学生渴望的。所以，此活动是从心理角度出发设计的，让学生在轻松愉悦的活动中感受两分钟的长短。）

（三）交流分享

（1）请把你刚才写好的三段话与同桌进行交流，找到你与同桌的相同点与不同点。

（2）全班交流。

（3）教师梳理提升。

① 写"动作定格"时，要注意写清楚：在全班同学都做"定格"的动作时，你的心里在想些什么？你看到教室里的情形是怎样的？这时教室里有声音吗？

② 你觉得"定格"的两分钟和抄词语的两分钟相比，哪个两分钟更长一些？

③ 在自由活动的两分钟里，你做了什么？看到了什么？想到了什么？

④ 对于这3个两分钟，你都有些什么看法和想法？你觉得哪个两分钟最长，哪个两分钟最短？

（评析：教师通过引导比较，同样是两分钟，为什么在我们的活动中，大家的感受不一样呢？引导发现，这与我们的心理密切相关。）

（四）习作引导

1. 出些好题目

请你回忆刚才做游戏的过程。想一想，如果把这个过程记叙下来，写一篇记叙文，可以用一些什么样的题目？请把你想到的所有题目都写下来，越多越好。

2. 写作"指南针"

马上要请你写作文了。作文之前，请你先读一读下面的内容，也许会对

你有所帮助。

（1）你在抄词语的两分钟内抄了多少个词语？感觉这个两分钟长不长？与别人相比，你的效率如何？

（2）做"木头人"的两分钟内，你做了个什么特别的动作？同学们又都做了些什么动作？他们的动作有创意吗？

（3）你在第3个两分钟内干了些什么？你觉得这3个两分钟哪个最长？哪个最短？为什么会有这样的感觉呢？

3. 好词语"超市"

紧张、酸痛、忘却、疯狂、唱歌跳舞、一动不动、呆若木鸡、金鸡独立、光阴似箭、日月如梭。

4. 请你习作

（评析：活动很精彩，如何把活动记录下来，这才是关键。教师通过指导拟题、问题指南、好词引路，为学生搭建了习作的平台。）

（此文获云南课程教材教学研究杂志社2017年教学设计三等奖）

《感悟时间的快慢》教学反思

此次习作课，目的是引导学生通过不同的活动感悟两分钟，在不同的活动中，学生因为心理状态的不同，感受到的两分钟也不一样。

活动一，抄写词语，大部分学生觉得时间过得真快，感觉自己才抄写了几个词语，时间就到了，因为他们都很专心。而一小部分学生却觉得时间过得好慢，因为他们在写词语时，总是左顾右盼，心里总在想着：时间怎么还没有到？没有关注自己究竟写了多少个字。

活动二，动作"定格"，所有学生都觉得时间过得太慢了。因为我给出的要求是做一个有创意、与众不同的"定格"的动作。所以，学生们为了有创意、与众不同，做出的动作千奇百怪，当然难度也就增大了。这使得大家保持姿势就比较困难，在这样的情况下，两分钟自然就显得慢极了。

活动三，自由活动。这是建立在刚才动作"定格"之后，因为之前的活动使每一名学生都感受到了身体的不适。此时，自由活动是大家所渴望的，自然也能感受到两分钟迅速地流逝。当3个活动都结束后，我通过拟题、问题引导、词语引路，指导学生习作自然就得心应手了。

只是，一节课要完成3个活动，还要指导习作，时间比较紧张，这要求教师准备一定要充分。

学生习作展示：

两分钟的感悟

楚雄市灵秀小学六（1）班 · 宋俊莹　指导教师：甘清梅

星期二下午第四节课，是同学们期待已久的甘老师的课。

只见甘老师快步走进教室，神秘兮兮地揭开了本节课的课题"两分钟——有多长？"看到这一课题，我一头雾水，心中有了疑问：咦？两分钟不就两个六十秒吗？这么简单的问题，怎么还需要考虑呢？带着这样的疑惑，我走进了甘老师给我们带来的3个活动里。

第一个活动：抄写词语

游戏规则：不停地抄写词语，比谁在两分钟内写的词语多。同学们迅速准备好纸笔，等待命令。"3、2、1，开始！"随着甘老师一声令下，我奋笔疾书，感觉像行驶在无人的高速公路上，疯狂地向前冲。教室里安静极了，连一根针落在地上也能听见。但听到的不是落针声，而是周围同学们争先恐后写字的"沙沙"声。我心中倍感紧张，一心只想着快点儿，快点儿，再快点儿！字迹是否工整，我都不管了！随着时间一秒一秒地流逝，我的手也越来越酸，每个字都是拖泥带水挤出来的。"停！时间到！"随着甘老师响亮的一声，我们立即启用"急刹车"模式。我把笔往桌上一扔，长长地叹了一口气，如释重负。我数了数，只写了24个词，尽管我对结果并不满意，但我已经尽力了。这两分钟未免也太短了吧！

第二个活动：动作"定格"，也就是我们平时玩的"木头人"游戏

游戏规则：每人做一个有创意、独一无二的动作，保持两分钟不动。甘老师给我们10秒钟的考虑时间，有的同学在冥思苦想寻找动作；有的同学胸有成竹地坐好，已经有了目标。而我绞尽脑汁也想不出什么新奇的动作。短暂的10秒钟过了，甘老师告诉我们可以站着或坐着，可我还是没有一点儿头绪。该做什么动作呢？但容不得我多想，甘老师便按动了秒表，开始计时。我只能就势做了一个动作：左手比了一个剪刀手，但不像往常一样横着，而是竖着，脸上带着微笑，剪刀手便贴在微微上扬的嘴角上。右手拿着笔记本本想挡脸，但时间"定格"了，不能再动了！我转动我的眼睛一看，同学们的动作千奇百怪：我的同桌李男，他就站起来向前排的沈惟聪做了一个"一拳击中"的动作；坐在我旁边的周楚璇，她也和我一样没有什么准备，动作像"婴儿吃手指头"的样子，她把食指放在嘴唇边缘，好像饥饿的小婴儿在啃手指头，呆萌可爱，让我差点儿笑出声来；刘靖华同学一反平常的文静，做了一个仿佛远古时代的"后羿射日"的动作，左手拿弩，右于用力拉弓，弦上装着一支锋利的箭，脚呈弓状，前腿绷直，后腿弯膝，架子十足！同学们个个都是出色的"木头人"，一动不动，真可以与秦陵兵马俑相媲美了。其实，一开始我就觉得"木头人"这项游戏挺无聊、幼稚的，毕竟是幼儿园的游戏了，可没想到这时间就像蜗牛一般，一点一点地往前挪，真有度秒如年的感觉。不知过了多久，我的手酸得要命，连面部表情也僵硬了；我感觉自己快虚脱了，可看看甘老师，一点儿要停下的意思也没有，"是不是老师的表坏了？""还是老师故意拖延时间，折磨我们？"……

不知过了多久，终于等到了甘老师的停止声，我一下子瘫软在椅子上，再也不想动了。哎！这两分钟怎么这么漫长，这么难熬啊！

最后一个活动：自由活动

规则非常简单：在教室里，两分钟内想做什么就做什么。而我并没有太放肆，只是和工雨桐、周楚璇一起聊起了刚才的"木头人"活动。"宋俊莹，怎么办啊？刚才我们的动作被甘老师拍下来了，并且要做成课件！"周楚璇担忧地说道。"嘻嘻，幸好我是趴着的。"王雨桐庆幸地说。而我无奈地接道："对啊，刚才甘老师对着我拍照的时候我真想赶紧回避，可是……"没说几句话，就听到甘老师下达停止的声音，我们只好意犹未尽地坐回座位上。

一堂趣味横生的课就这样结束了，我却还在纠结：同样是两分钟，为什么有时让我们觉得长，有时又让我们觉得短呢？我想，那是因为一个人对待时间的态度不同而带来不同的感受所致吧！如果你珍惜时间并把它投入到你专注的某件事中，那么，即便是短暂的两分钟，也能让你收获满满；如果你糟蹋时间，即便是短暂的两分钟，不仅能让你度秒如年，而且能让你两手空空，一无所获！时间是宝贵的，"一寸光阴一寸金，寸金难买寸光阴。"作为新时代的小学生，我们不能虚度年华，要利用好一点一滴的时间好好学习，练就一身过硬的本领，长大才能报效祖国！

习作教学案例——观察生活

《帮助残疾人》教学设计及评析

教材分析

贝多芬有句名言："把德行教给你们的孩子，使人幸福的是德行而非金钱。"当身边不断出现"爱心缺失""爱心麻木症"时，我们发现培养儿童的责任心、爱心是多么的重要！我们班就有这样一名学生，当他把路旁乞讨老奶奶碗里的钱拿了的时候，他没有一丝后悔，没有一丝难过，表现出的是无比的自豪！（因为那么多的孩子中，只有他敢去拿！）为了让学生们找回丢失的爱心，我设计了《帮助残疾人》这一课，让学生们在体验中感受残疾人生活的不易，从而激发他们对残疾人的同情、关爱之心，同时，学会珍惜我们宝贵的生命。

教学目标

1. 知识技能目标

明白什么是残疾人。

2. 过程和方法目标

在活动中体验残疾人生活的不容易，在故事中感悟残疾人身残志坚的精神。

3. 情感态度和价值观目标

激发学生理解、尊重、关心、帮助残疾人的思想感情，学习残疾人自强不息、奋发向上的精神。

教学准备

（1）课件。

（2）蒙眼的布条。

（3）小楷本、算术本、汉语拼音本、作文本。

（4）爱心卡。

教学过程

（一）谈话导入

了解什么是残疾人。（教师课件播放歌曲《幸福拍手歌》，同桌一起做拍手游戏）

大家玩得真高兴！可是你们知道吗？我们身边有些人却享受不到这份快乐，他们有耳朵却听不见声音，有眼睛却看不见东西，有嘴巴却讲不出话，你们知道他们是什么人吗？（板书：残疾人）

（评析：此环节的设计主要是让学生在做游戏的过程中，感受到健全的身体给自己带来的快乐，从而与残疾人在身体方面形成一个对比。）

（1）你见到过哪些残疾人？见到他们时，你感觉怎样？

总结：是的，盲人、聋哑人、肢体残疾的、智力有缺陷的，都是残疾人。我国有6000多万残疾人。

过渡：他们真的很可怜。前几天我就看到了一个残疾小朋友的故事，你们想看吗？

（评析：让学生明白残疾人在我国占有很大的比例，他们需要我们的帮助，为后面激发学生帮助残疾人奠定基础。）

（2）课件展示篮球女孩钱红艳的故事。

孩子们，看了这个真实的故事，你有什么想法吗？

是啊，我们可以快乐地蹦蹦跳跳，而钱红艳却要一辈子坐在篮球上，靠着双手一步一步地走，多不容易啊！

过渡：下面，就让我们走进残疾人的世界，用我们的心静静地去体验他们的生活。

（评析：通过观看故事，让学生从感官上了解残疾人的不容易。）

（二）从活动中体验残疾人生活的不容易

活动一：盲人到讲台上拿本子

（1）请一名同学上来当盲人，帮助老师把放在桌上的小楷本拿出来，大家静悄悄地观察他的一举一动。

（2）学生活动。

（3）谁能把你看到的说给大家听听。

（4）做完后，让扮演盲人的学生说一说在做这件事的时候，和平时有什么不同。

（5）如果让你们上来拿本子，容易吗？

是呀！在我们看来这么容易的一件事，盲人做起来却那样难，那么不容易。刚才，我只是给他蒙了几分钟，就给他带来了麻烦。如果把我们的眼睛蒙上一节课、一天、一个月、一年、两年、十年、二十年，甚至一辈子，我们的生活会怎样？

对！盲人就是这样，一辈子生活在黑暗中，整天过着提心吊胆的生活。

（6）如果在大街上，你遇到了一位盲人，你会怎么做呢？

（评析：通过观察、对比，大部分学生能感受到盲人的不易，从而激发学生想帮助盲人的情感。）

活动二：无手穿衣

（1）同学们，失去光明的盲人生活这么不容易，如果失去了手呢？我们再来体验一次。现在，请大家用双手很快地脱下你的外衣，看谁脱得最快。（抽学生说）

（2）现在，我们来当一回残疾人，请背起你的双手。现在，你们都是失去双手的残疾人，请把脱下的外衣穿好。看谁最努力。

（3）学生穿衣服（教师注意观察，抓住典型）。

（4）说说你的感受。

（5）小队讨论交流。

同学们，短短几分钟就让我们感到残疾人的许多不方便，而残疾人天天如此、年年如此，他们在生活中、工作中还会遇到什么困难呢？（指名说）

（评析：学生通过亲身实践，充分感受到了残疾人生活的不易。）

（三）怎么样帮助残疾人

（1）他们遇到了那么多的困难，我们该怎么办？（板书：帮助）我们还可以为他们做些什么呢？4人一组讨论、交流。

总结：你们真是一群有爱心的孩子。残疾人也是社会的一员，他们已经很不幸了，我们不能不能嘲笑他们，更不能欺侮他们，应该平等地对待他们，把他们当作朋友，这就是对他们的尊重，也是对他们最大的帮助。

（2）学习残疾人"身残志坚"的精神，懂得尊重残疾人。

① 老师认识那么一位小朋友，在一次车祸中，他的双目失明了，他失去了生活的信心。对这位小朋友，你会怎样去帮助他呢？小组讨论。

总结：很多时候，帮助残疾人最好的方式是把他们当朋友。为他们献出我们力所能及的爱，我们的爱会带给他们快乐，带给他们生活的信心和勇气。他们虽然身体残疾，但他们也热爱生活，渴望能像我们一样幸福快乐地学习、生活。

② 在我们周围，就有许多勇敢坚强的残疾人，他们虽然身体残疾了，但是却做出了健康人也难以做到的事情。

③ （播放《我心飞翔》片段）看完故事片段，你有什么感受？

此时，你想对前面那位小女孩说些什么？请你拿起手中的笔，写下你的感受。

④学生习作。

⑤抽读1～2篇。

（3）献出我们的爱心。

① 请发挥你的想象，自主创作，在爱心卡上写下你想为残疾人做的事，想对残疾人说的话，或画下你为残疾人设计的方便设施。（播放音乐《让世界充满爱》）

②学生交流、展示。

总结：因为残疾，他们是不幸的；因为有爱，他们是幸福的！给残疾人、给学生、给朋友、给周围的人一份关爱，我们会收获更多快乐！愿爱充满人间！

（评析：本节课活动贯穿整个课堂，使学生在活动中体会，在活动中感悟，在活动中体验，在活动中发展。比如，"盲人拿本子"和"无手穿衣"，让学生真切地感受到残疾人生活的不易，通过对比，使学生明白即使身体残疾了，也不应灰心丧气，要学会珍惜生命。再通过观看《我心飞翔》了解和志刚身残志坚的故事，用残疾人那种身残志坚的精神感动学生，从而激发学生想为残疾人做一些事的想法。）

（此文获云南课程教材教学研究杂志社2014年教学设计三等奖）

《帮助残疾人》教学反思

宋代大诗人朱熹说过："问渠哪得清如许，为有源头活水来。"涓涓清流离不开源头活水，好的习作也离不开生活的积累，要使学生积累丰富的生活素材，在日常教学中，我们就必须引导学生观察周围的事物，做生活的有心人。

上课开始的时候，我通过音乐带领学生们做"拍手歌"的游戏，让学生们在活动中进行对比感受，健康的人又能唱又能跳，而残疾人却做不到。再通过观看"篮球女孩"的视频，从感官上了解残疾人生活的不易。单单这样，学生是无法真正了解残疾人的困难的，所以，我又设计了两个活动，让学生们亲自体验残疾人生活的艰难。一个活动是"盲人拿本子"。我先让一名学生来拿，当然，他很快就拿到了本子。之后，我让随机点到的学生蒙上眼睛来拿。在我上过的12次课中，只有一名学生拿到了，因为他有一个团结互助的班集体（从开始到结束，都有热心的小伙伴给他指引道路），而其他11名学生，有的害怕得哭了；有的在原地转圈，不敢前行；有的摸索前行一小段路就再也不敢向前了。因为他们说："眼前一片漆黑，什么也看不见，不敢走了！"另一个活动是"无手穿衣"，当学生们背起双手，扮演失去双手的残疾人，用嘴巴叼着衣服甩过去甩过来，怎么也套不到头上时，他们才真正感受到了残疾人生活的艰难。有一名学生哭着说："残疾人太可怜啦！他们连最基本的生活都那么难，真不敢想象，其他的事情要有多难！"由此可见，学生们在活动中真正走入了残疾人的内心世界，与他们一起感受生活的不易。由此，也才能激发出学生帮助残疾人的心，有学生说："给他们捐钱、捐物……"。当我播放了《我心飞翔》之后，学生们也懂得了，给残疾人最好的帮助就是不歧视他们，鼓励他们，支持他们做对社会有用的人！

这样的课，学生在活动中体验，在活动中感悟，所想所说所写都是自己的真情实感。

小学习作评改教学中重视学生的自改和互改

　　《新课标》在第三学段目标中提出"修改自己的习作，并主动与他人交换修改，做到语句通顺，行款正确，书写规范、整洁"；在"教学建议"中要求"重视引导学生在自我修改和相互修改的过程中提高习作能力"；在"评价建议"中强调"不仅要注意考查学生修改作文内容的情况，而且还要关注学生修改作文的态度、过程和方法。要引导学生通过自改和互改，取长补短，促进相互了解和合作，共同提高习作水平"。通过习作评改，就是让学生真正经历一次语言加工的过程，就是让学生经历发现与吸收，鉴赏与提高的过程。由此可见，习作评改意义重大。为了达到这一目的，我认为在小学习作评改教学中应重视学生的自改和学生之间的互改。

一、提倡学生自改，培养良好习惯

1. 自读习作，发现问题

　　叶圣陶先生说："文章要自己改，学生学会了自改的本领，才能把文章写好。"学生初次写的作文，总会因为过于仓促、思虑不周等产生多种问题，因此，教师要引导学生对自己的习作进行多次修改。首先，应引导学生在完成习作之后，像读课文一样大声读自己的作文，读给自己听。借助声音，凭借语感，帮助自己发现作文中需要修改的语言问题，比如用词是否恰当，语句是否通顺等。其次，再读作文，边读边改，改正文中的错别字和使用不恰当的词语、病句等。最后，反复朗读，边读边推敲，细致阅读品味，审清文题与自己想表达的思想是否一致，并以"我的心声""自我评价""自我推荐"等方式，对自己的作文展开自评。为避免"语句通顺，条理清楚，中心突出"等套话，引导学生以"说心里话"的方式谈谈自己选材时的所思所想，说说自己习作中的可取之处，以及习作过程中遇到的困难。

这样的自评，不仅能激发学生的成就感，消除学生怕作文的心理，帮助学生树立自信心，还有利于培养学生形成习作后主动修改的良好习惯。而且为教师的点评指导提供了必要的线索，能彰显学生个性，提高学生的习作能力。

2. 形成习惯，培养自信

修改习作，表面上看是在进行文字的调整，实际上是对习作本人思想的调整。而每一个人都有极强的个性，这就是为什么要进行个人修改的重要原因。著名语文教育学家叶圣陶老先生曾经说过："修改文章不是什么雕虫小技，其实就是修改思想，要它写得更正确、更完美。想对了，写对了，才可以一字不易。""因为思想依傍语言，一个人的语言习惯不能不求其好。坏的语言习惯会牵累了思想，同时牵累了说出来的语言，写出来的文字。"由此可见，修改语言的表达与思想的准确表达之间关系密切。

学生自己修改自己的习作，目的就是更好地锤炼语言，使自己的思想感情能够更精确地表现出来。这样不断修改完善，慢慢形成自觉琢磨、锤炼语言的习惯，就可以不断促进自己的思想严密、深刻，写作能力也会由此不断得到提升、发展。学生的自信心也由此不断增强。

二、重视学生互改，提高习作水平

经过多年的教学实践，我摸索出一套学生互改的方法。

1. 同桌交叉批改法

一般来说，同桌总是一个优生配一个后进生。对于后进生来说，可以促使他开动脑筋，对所批改的作文进行评议、批改、下结论。对于优生来讲，他面对的是问题较多的作文，从字、词、句、段、篇各个方面做精批细改，得到了极大的锻炼。这样，不仅提高了作文评改的效率，而且使每一位学生的语文水平都得到了提升。

2. 4人小组合作批改法

在习作互评互改之前，我让学生以4人小组为单位开展互评互改活动。每组指定一名语文成绩较好的学生任组长，由组长组织评改4篇作文。先是各人初评，每人重点评改一本，然后4本交换检查，看看评改是否合理。评改完后推荐

出一篇好习作。各组推荐出的好习作集中在一起，再由小组长评议，评出一篇优秀习作。学生对这样的做法非常感兴趣，评得很认真、严格。例如，勾出好句子，圈出错别字，画出病句，做好眉批、旁批、总批，评改人签名等。经过一段时间的训练，学生基本掌握了习作的评改标准。在学生掌握了习作评改的要求后，逐步过渡到评改不强求面面俱到。每次习作根据每次要求确定评改重点，评改时侧重一两个方面，这样就加快了评改的速度。学生互改过的习作，还给学生本人。学生看看别人对自己习作的批语，发现习作中的不足之处可再次进行修改。

3. 交流式批改方式

平时的小练笔日记等，学生相互批改后，把典型的病例和自己不敢下定论的地方记下来，与同学再交流，还有解决不了的地方，就找老师来商讨，时间一般定在早自习或午自习。

为了体现批改习作的重要性，我有时会减少其他作业，把批改习作当作是一项家庭作业来布置。学生把自己的习作与家长或其他家庭成员共同修改，并邀请批改的家庭成员签上名字，教师及时进行检查，对批改认真的学生和家长通过小纸条或电话联系的方式予以肯定和表扬。此做法不仅引起了家长对孩子学习的重视，同时也密切了家校关系。

一段时间的全员培训后，一部分能力较强的学生涌现了出来。我把这部分学生任命为习作评改小组长，实施"手拉手，一帮一"活动。由组长们自由选择组员组成小组，并给自己的小组起个醒目的名字。在每次习作评改时，就由小组长组织互评互改活动。

总之，习作评改是作文教学的重要环节，学生在自改和互改的活动过程中，全程参与，每一位学生既是评价者，又是被评价者。这样的评改方式，既把学习的主动权交还给了学生，又轻松地锻炼了学生的写作能力，达到了提高学生习作水平的目的。

习作教学案例——评改教学

习作修改教学活动设计

教学目标

（1）复习4种简单的习作修改符号：添字符号、调序符号、删减符号和修改符号，掌握基本的修改方法。

（2）使学生了解修改的意义，养成修改习作的良好习惯。

教学重难点

重点：掌握习作的基本修改方法。

难点：学会修改他人的习作，并做出恰当的评价。

教学准备

课件。

教学过程

（一）导入

（1）回顾本单元习作的重难点，让学生带着要求来修改习作。

（2）"好文章不是写出来的，是改出来的。"（叶圣陶）从这句话中你感受到了什么？

（二）学习活动

活动一：方法回顾

（1）想一想：修改习作有哪些方式方法？

（2）要求：先独立思考，在草稿本上画一画；然后小组讨论交流，由小组代表交流分享。

（3）教师引导学生共同分享交流：

① 习作修改的基本要求——五看：

看一看格式是否正确。

看一看书写是否清秀、整洁。

看一看有无错别字、错误标点、病句等。

看一看是否突出主题。

看一看语言和结构是否精炼、完整。

② 习作修改三字歌：

主题好，选材新，感情真，写具体，段落明，词句通，用词好，无错字。

活动二：实践运用

活动任务：运用所复习的方法和修改符号尝试修改自己的习作。

活动要求：

（1）自主学习：默读自己的习作，尝试修改并找出自己的不足。

（2）展示分享：全班交流分享。

（3）师生共同评议。

活动三：巩固方法

活动任务：尝试修改其他同学的习作。

活动要求：

（1）和小组内的同学交换习作并试着修改。

（2）小组讨论：与习作主人交换评价建议。

（3）展示分享：全班交流分享。

（4）梳理提升：师生共同评议。

（三）总结

通过今天的习作修改，你从中学到了什么？

5

第五章

小组合作学习

小学语文教学中如何指导学生有效合作

一次语文课上，我给孩子们上人教版小学语文四年级下册的课文《乡村四月》。当孩子们在理解诗意时，我按照以往的教学方法，把学习的主动权交给孩子们，让他们通过小组合作学习，讨论理解古诗的意思。接着，我象征性地巡视了一圈，便坐在讲台上等待孩子们汇报讨论结果。估计时间差不多了，我示意孩子们停止讨论，进行交流。结果，孩子们的讨论结果令我大吃一惊：讨论快的学习小组讨论出了两句，讨论慢的学习小组一个词语都还没有解决，因为他们一直在查找"白满川"的意思！还有的小组因分工不明确，直到我让停止的时候，还在纠结谁是"小组长"，时间就在你推我让之间白白溜走了！

合作学习是小学语文课程改革积极倡导的三种学习方式之一。至今，许多语文教师已经意识到了合作学习的重要性，也能在课堂上让学生积极合作学习。但由于理论上的研究和实践上的探索都不到位，在小学语文教学中的"合作学习"就成了"虚合作"，华而不实。那么，在教学中如何指导学生进行有效的合作呢？我认为应从以下几个方面来入手。

一、异质分组，落实个人责任

分组时应遵循"组内异质，组间同质"的原则。每个小组由4～6人组成，其中有1～2名优等生，2～3名中等生，1名学困生。每个小组的整体水平要基本一致，做到组间同质，为合作学习小组开展学习竞赛活动创造一个公平、公正的学习环境。各小组按好、中、差比例组合，形成组内异质，这样，有利于学生在合作学习中开展互帮互助活动，让学困生在合作学习中得到锻炼，让中等生在合作学习中得到发展，让优等生在合作学习中得到表现，最终形成各显其才、各尽其能、互帮互助、团结协作的学习氛围。有利于培养学生的集体意识和竞争意识，增强了学生的责任感，省时、高效。小组建成后，成员必须有明确的分工。组长负责召集组员、维持秩序，检查督促其他组员是否尽职，把握好讨论的主题，保证每一位组员至少有一次发言机会，保证每一位组员能正确表达小组讨论的结果。监督员负责控制音量、把握时间，提醒大家不要浪费时间。记录员负责将组内不能解决、需向老师请教的问题记录到疑难问题解答卡上，整理小组讨论结果，可以用文字记载，也可以用一些特殊符号或图表记载，供汇报员汇报时参考。汇报员则集中组内研究成果，代表小组在班上发言。

二、教给合作技巧

1. 岗位培训

根据小组内分工不同、职责不同，把小组内的合作技能划分为4种，即组织能力、交流能力、协调能力、记录能力。以此在组内设立4个岗位：小组长、汇报员、监督员、记录员。教师要在各个岗位上对学生有重点、有目的地分项训练，使学生逐步掌握合作的技能。

2. 交流方式多样化

组内交流的主要方式有：中心发言、指定发言、自由发言。每一种发言方式，教师可以以一个小组为例，在全班进行指导培训。

3. 提出规则，关注习惯

为了课堂教学组织严密，合理操作，教师必须对学生的合作学习提出一些行为要求：如在讨论过程中，不允许谈论与课堂教学无关的话题；分组学习时不允许随意走动；在进行小组交流前，一定要认真阅读文本，为发言做好准备；在交流过程中，做到专心倾听，积极发言；在发言时，不推不让，听从安排；不能背对背进行交流等。

三、及时点拨

在学生开展合作与交流的时候，教师需要深入到小组中，了解学习任务的完成情况，分析学生的解法，及时发现他们的错误，以便提供必要的指导，并能及时回答学生提出的问题。对个别学生或个别小组提出独到见解或出现创新性想法时，教师要及时给予鼓励和支持。当小组讨论杂乱无章时，教师应及时帮助他们厘清讨论的过程；当小组讨论偏离主题时，教师应及时制止，引导他们回到讨论主题；当小组内部合作不和谐时，教师应及时干预、调解；当小组合作的方法行之有效时，教师就可以把他们作为典范进行表扬，把他们的方法作为经验进行介绍。小组合作学习不是学生的参与、教师的旁观，而是学生与教师的共同参与，教师可以把自己也当成小组中的一员参与到某个小组的学习中。由于教师及时加入小组讨论，会使学生讨论的热情高涨，真正使合作学习的效用发挥出来。在整个过程中，教师采取的应是一种友好的、建设性的态度和行为，既不能过多地干预学生思考的过程，又不能对学生的困难和疑问袖手旁观。

四、有效交流

小组合作学习结束后，各小组的学习情况要向全班同学进行汇报、交流。汇报一般由小组组长或者汇报员来完成，其他成员做补充。这个过程，要让小组全体成员都参与，如果上台汇报就都上台汇报。上台的成员人人都有展示的方式和内容：善讲述者讲述、善朗读者朗读、善书写者书写、善绘画者绘画、善表演者表演……总之，要体现出一个整体，不能让任何一个人落单。

总之，合作学习改变了学生被动接受的学习方式，促进了学生学习方式的转变，使学生主动参与到合作学习活动中，学会与他人合作、交流，表达自己的观点，完成共同的学习任务。合作学习提高了学生听、说、读、写的能力，优化了学生学习的策略，激发了学生学习的兴趣、动机及求知欲，开发了学生学习的潜能，增加了学生的阅读量，拓宽了学生的视野，提升了学生的语文学习水平，有效地提高了小学语文课堂教学的效率，促进了学生全面健康地发展。

（此文发表于《语文课内外》2018年24期）

小组合作学习案例

人教版小学语文四年级下册《中彩那天》教学设计及评析

（云南省"国培计划"项目小学语文甘清梅名师工作坊坊主示范课）

教材分析

《中彩那天》是新课标人教版四年级语文下册第二组中以"以诚待人"为专题编写的一篇精读课文。课文讲的是一个修理厂的工人，无意中买彩票中了大奖，但彩票是他同事让他代买的。在家庭的困难和诚信两者之间，他陷入了痛苦的矛盾当中，经过了激烈的思想斗争后，他最终选择了诚信，把大奖还给了同事这一感人的故事，赞扬了父亲诚实、守信的品质。

教学目标

（1）正确、流利、有感情地朗读课文。

（2）在理解故事内容的同时，懂得诚实、讲信用是人的精神财富，它比物质财富更珍贵的道理。

教学重难点

理解"父亲"面临的道德难题，体会文中"母亲"说的话的含义。

教学过程

（一）谈话导入，揭示课题

（1）3月8日是什么节？（妇女节）我知道，孩子们在那一天都会给妈妈送上自己的礼物。今天，我受一位母亲之托也给大家带来了一份特别的礼物。

（出示句子："一个人只要活得诚实、有信用，就等于有了一大笔财富"。）

（2）齐读这句话，谈谈你对"财富"的认识。（标注"财富"二字）

（3）有道是："君子爱财，取之有道。"试问，获得财富的方法有哪些呢？（引出课题，板书《中彩那天》）强调"中"的读音。

（评析："导入"以母亲的一句话切入，既抓住了人物精神品质的核心和重点，又适当地进行了变序教学，让学生有耳目一新之感。）

（二）自读课文，整体感知

中彩那天到底发生了什么事情呢？

请同学们在小组内自由朗读课文，并讨论：课文写了一件什么事情？

（组内交流、小组代表交流分享）

（评析：目的是想让学生"文通事晓"。"文通"即初步读通文章。"事晓"即通过初步读课文，学生能知晓文章的主要内容。）

（三）问题探究，用心感受

（1）默读课文，小组内讨论，提出自己的疑问，形成小组内的学习问题，写在学习卡上。

（2）集中讨论问题，教师归纳。

①父亲遇到的道德难题是什么？他是怎样面对和处理这个难题的？

②中奖以后，"我"开始很兴奋，后来为什么闷闷不乐？

③为什么汽车被库伯开走了，"我"家反而特别高兴呢？

……

（评析：从问题入手，既是调查学情，又是"以学定教"。）

（四）品词析句，突破难点

（1）过渡语：问题从书本中来，解决问题的办法还得回到课文中去。请同学们小声朗读课文第3～8自然段，找出中彩时"我"兴奋与激动的句子，用"﹏﹏﹏"画出来；找出父亲中彩时的表现的句子，用"＿＿＿"画出来，在小组内交流。

（2）小组代表交流分享，教师随机出示句子"我几次想要……赶下来"，反复朗读，体会此时"我"的心理，指导朗读。出示句子"我看见父亲开着车从……看不出中彩带给他的喜悦"，体会父亲此时的心理，指导朗读。

（3）面对中彩，"我"和父亲却有着截然不同的表现，这是为什么呢？我们先来一起分析一下父亲的心理，完成心理分析练习。

（4）"我"从母亲那里得知，父亲正面临着一个道德难题。父亲面对的道德难题是什么呢？

（预设学生形成两种意见：一种是"留"，另一种是"还"。）

（5）看来这辆汽车是"留"还是"还"都有它的理由。这就是父亲遇到的道德难题。这时，在父亲的脑海里，仿佛有两个人在争辩：一个说把汽车留下；一个说把汽车还给库伯。请问：你赞成哪一种意见？（请从文中找到相关语句作为理由，在小组内进行交流探讨。）

（6）小组代表交流分享两种不同意见的理由。教师出示课文中的相关语句。最终，父亲是怎样处理这个问题的呢？请你找到课文中的句子读一读。

（7）导语：从大家的发言中，"我"明白了父亲想把这辆车留下来，但是却不该留下来，他是怎样处理这件事的呢？（出示"一个人……财富"）反复朗读并加以理解。

（8）讨论：父亲失去的是什么？得到的是什么？

（9）正因为如此，父亲得到汽车时神情严肃，一点儿也不高兴，汽车被库伯开走后，反而显得特别高兴。这是因为母亲说的"一个人……财富"（学生以读代答）。

（10）学生试着背诵这个句子，现在能谈谈你对"财富"的新认识吗？

（11）这句话出自母亲之口，尽管家里经济拮据，但她人穷志不短，追求精神上更为可贵的东西。在她眼里，一个人要诚实，守信用，不贪图原本不属于自己的东西。母亲的思想不仅影响了父亲做出了正确的选择，而且教育了"我"应该怎样做人，（出示句子："中彩那天……时刻"）学生齐读。

（评析：此环节是学生在"文通事晓"的基础上实现"事熟理透"的阶段。通过品析重点词句来理解人物品质。有意打乱依序教学的固定程序，学生通过多读实现"事熟"；通过讨论交流达到"理透"。）

（五）延伸练习，情感升华

过渡语：是的，一个人能够真诚地待人处事，就等于拥有了一大笔精神财富。这个经济拮据的家庭得到的大笔财富是心灵的坦荡和诚信的满足，正如母亲所说（再次出示句子："一个人……财富"），理解着朗读这句话。

出示练习题：

（1）学了本文后，你一定会有很多收获和体会，请你把自己的收获和体会写成一句话，并且署上自己的名字。

（2）车被开走了，家中的每一个人当时的心情会怎样？他们可能会有怎样的对话？请你试着写下来。

（评析：将收获写成一句话，既是为了训练学生的语言概括能力，也是为了突破重难点；第二个练习题是学生对人物的进一步理解。）

《中彩那天》教学反思

本课的教学设计，从整体感知开始，在细读环节下功夫，在讨论上期待突破，最后达到统一认知、明晰事理、升华情感的功效。备课遵循的是学生学习的内在发展顺序。先让学生自由地放声朗读课文，并且说说印象最深刻的是什么，以此来实现"文通"的目标；再引导学生整体感知课文，接着又让学生以多种形式来朗读，使学生熟读课文，以此来实现"事熟"的目标；在学生充分熟读的过程中，引导他们提出诸多疑问，自然地引导学生归纳出了讨论的话题，学生在激情讨论的过程中逐渐明晰了文章的道理，从而实现"理透"的目标。我认为，本课的设计就如理念中提到的一样：既注重了语文能力的培养，又注重了教学方法上的变革。

可取之处：

（1）内容上：从重点入手，注意了说与写的训练。

（2）方法上：从多样入手，注意了简洁实用。

（3）大胆放手，敢于把学习的主动权交给学生，让学生自己提出问题，通过小组讨论解决问题。

不足之处：对"文通""事熟""理透"这几个环节把握得不够好，连接的地方出现了脱节的现象。尤其是"事熟""理透"环节，学生的多样朗读体现不够，违背了语文阅读教学的宗旨。

总之，希望通过这次课堂教学研究，使自己有所收获，有所提高。

人教版小学语文六年级上册第一单元字、词复习教学设计及评析

（云南省"国培计划"项目小学语文甘清梅名师工作坊送教
楚雄市中山镇中心小学示范课）

教学目标

（1）熟记本单元的生字、生词。

（2）复习本单元的四字词语，并会对AABC型、ABCC型、AABB型、带有数字的四字词语、带有反义词的四字词语进行分类整理复习。

（3）能选择其中一些四字词语进行写话练习。

教学重难点

会对AABC型、ABCC型、AABB型、带有数字的四字词语、带有反义词的四字词语进行分类整理复习；能选择其中一些四字词语进行写话练习。

教学过程

（一）复习生字组成的词语

（1）回忆一下，第一单元由哪儿篇课文组成？

（2）这4篇课文中有两篇课文是精读课文，有生字。翻开课本，小组内轮流朗读这两课的生字。

（3）自由读课本第13页的词语，找一找哪些是带有生字的词语。用圆圈勾画出来，小组内对照一下，没勾画到的进行补充。

（4）自己写在学习卡上，一词一遍。边写边关注哪几个字比较难记，在小组内讨论。

（5）出示生字组成的词语，抽学生读、齐读。

（6）花两分钟记住这些词语。

（7）听写，同桌互批。

（评析：通过小组内轮读、自由读，小组讨论复习巩固生字、生词，有效利用小组内优质资源，互帮互学，达到共同进步的目的。）

（二）复习四字词语

（1）出示四字词语，寻找特点。

（2）找到特点之后，学生仿写类似的词语各3～5个。

（3）4人小组交流合作完成：根据特点扩展练习写：AABC型、ABCC型、AABB型、带有数字的四字词语、带有反义词的四字词语。（提示学生：选择其中的一种类型进行整理归类，可以用上各种表达方式）

（4）各小组交流展示学习成果。（同时也展示学生的学习成果）

（5）每种类型的词语各选择一个，连起来说一段话，并写下来。（思考之后再说）

（评析：在小组合作学习中，寻找四字词语的共同点，并进行归类整理，培养学生的合作能力、整理能力。）

（三）总结复习方法

生字—带有生字的词语—四字词语（寻找特点，归类复习）—选择词语写一段话。

（评析：教给学生学习方法才是最关键的，让学生学会举一反三。）

人教版小学语文六年级上册第一单元字、词复习教学反思

这一节课是复习课，都是学生熟悉的知识，我只是教会学生对知识点进行梳理，归纳总结。

通过本节课的学习，学生已经基本掌握了单元生字、词的复习方法。学生在本节课中，小组合作特别有效。在开始复习时，我先让学生把学习过的内容在头脑中回忆一遍，然后再打开书或笔记本进行对照。对回忆模糊不清或根本回忆不起来的知识再有针对性地进行复习。这样做不仅可以强化学生的记忆，而且能够帮助学生逐步养成积极思考的习惯。再通过小组内优势互补，使原来没有得到强化的知识点再次得到强化。特别是在小组内整理AABC型、ABCC

型、AABB型、带有数字的四字词语、带有反义词的四字词语时，小组内的互帮互助就显得尤为重要了。在小组合作复习的过程中，优生对知识点进行了更深层次的理解，提高了他们的辨析能力。而后进生在组内得到了一对一的帮助，增强了学习语文的信心。

附 录

教育随笔

写给即将毕业的孩子们

悠悠的云里有淡淡的情，

淡淡的情里有老师对你们绵绵的话语：

六年时光飞逝，

你们从无知到有知，

从孩童到少年，

从懵懂到聪慧，

从……到……

老师为你们感到高兴，也感到骄傲！

你们的笑，你们的喜，

你们的愁，你们的烦，

你们的恶作剧，

你们的不听话……

都留给我无限的回忆！

一想到时光老人马上就要把你们从我身边抢走，

我就泪水满溢……

为着六年的情感，为着今天的不舍！

在我的内心，你们已经是我生活中无法割舍的一部分，

如同我的儿女——儿女远行母担忧，

将来的路还很漫长，

我希望你们带上我的祝福，

把今后的路走得更好！

今后，不管遇到什么艰难险阻，请你们记住——

有老师为你们默默祝福，

默默祈祷！！

一切困难将会迎刃而解！！

不管你身在何方，请别忘记——鹿城小学有一位想念你们的老师！！

孩子们，为着你们的理想去努力吧！

当有朝一日，你成功了！

希望你别忘给老师捎个信，

我会和你一起分享你的快乐！

如果，你失败了！

也别忘记告诉老师，

老师会和你一起分忧！

……

尽管有千万个理由不舍！

尽管我有千万个不愿！！！

但该走的还是在走……

因为时光它无法停留……

孩子们，再见了！

老师永远爱你们！！！

带着老师的爱走好今后的每一步！

有效利用人力资源，促进学生发展

所谓人力资源，是指我们周围的教师、学生、家长，甚至是社会中的每一位成员，他们所具有的各种信息资源。作为教师，如果在教学中能很好地把握住这种资源，对我们的教学和学生的发展将会起到很大作用。

五年级上学期，课程上到一半时，学校安排我去出差。可是，课程怎么安排呢？这时，刚好有一批新老师到我们学校学习。我和教导处的老师商量后，决定安排其中的一位来代课。这位老师是楚雄市大地基中邑社小学的一位女教师，刚满21岁，名叫赵利。看着她朝气蓬勃的样子，我非常高兴。于是，我把要上的课文《地震中的父与子》与她一起备了一遍，就安心地出差去了。

两天后，我回来了，上的第一节课就是检查学生学习的情况。谁知，不问不知道，一问吓一跳，学生对于课文中的知识简直是一问三不知。我非常生气并且严厉地批评了学生。下课后，班里的几位班委找到了我，他们告诉我，老师根本没给他们上《地震中的父与子》这一课。我感到很纳闷："那老师给你们上了什么呢？"学生还没来得及回答，上课铃就响了，我只好耐着性子，走进教室，和孩子们一起讨论这个问题。孩子们听完我的问话，就炸开了锅，七嘴八舌地说开了。有的说："赵老师给我们讲他们那里的孩子是怎样上学的。"有的说："那里的孩子学习真的很刻苦。"有的说："他们太可怜了！"……听着孩子们那些发自内心的感慨，我的"火"烟消云散了。此时，我真想知道孩子们究竟从赵老师那里了解到了些什么新鲜事，让他们那么激动，那么兴奋。

我迫不及待地让班长找来了还在学校学习的赵老师，和我一起来听一听孩子们的心声。班里的"淘气包"小胖子发言了："老师，山区的小孩子太可怜了，他们一个星期才能吃一顿肉！要是我在那里呀，准会被饿昏的！""老师，那里的孩子没有书包，他们的书包就是小花篮，书得用塑料纸包着才不会被弄脏。他们的小花篮又要背书，又要背菜……""为什么要背菜啊？"我问。"他们是在学校住，在学校吃饭，每个星期的菜都是自己带到学校去的。带什么就吃什么……"孩子们的发言让我感到很吃惊，尽管他们没有到山区的学校去看过，可是，从他们的口中，我却了解到了许多有关山区孩子的生活。我转向赵老师，非常诚恳地对她说了声："谢谢！"

面对孩子们，我觉得应该做点什么。如果就这样让他们说一说就收场了，我认为这个资源太浪费了！于是，我对孩子们说："你们觉得我们该做点什么呢？""我们该帮助这些孩子们！""那怎么帮助呢？"孩子们沉默了一会儿，教室里顿时热闹起来，没有老师的安排，没有班委的指挥，孩子们已经把书包里的新本子、新钢笔、新橡皮、新胶带纸……甚至是自己正在用着的文具盒都统统拿出来了，教桌上一会儿就摆满了一大堆！还有一名学生拿着一个塑料袋，在教室的过道里来回穿梭着："有钱的同学伸伸手，帮一帮山区的孩子们！"……赵老师看到这个情景，激动地流下了泪水！

孩子们的心，光用行动来表示，我觉得还不够。于是，我和赵老师商量，决定让孩子们给山区的小朋友们写一封信。我迅速从准备好了信纸和信封，分发到他们的手中，孩子们静悄悄地写着，他们完全沉浸在与山区小朋友的交流中，连下课铃响了也不知道。为了让孩子们尽情抒发自己的情感，我只好又和数学老师商量把下一节课也给调成了语文课。

孩子们用了一节课的时间写下了他们对山区小朋友的祝福，写下了他们对山区小朋友的鼓励……带着孩子们的爱，带着孩子们的祝福，赵老师把全班59名学生的信带到了楚雄市大地基中邑社完小的每一位小朋友的手里。

一个星期后，中邑社的孩子们回信了。我把信分发到每一名学生的手里，用一节课给他们看信，并交流看到的信息。孩子们从信中了解到，冬天来了，那里的孩子们太可怜了，没有冬衣、冬鞋穿……他们自发决定给山区的孩子们捐献衣物。当他们来征求我的意见时，因为考虑到那里交通非常不便，车子无法进到学校，所以，我只是说："你们自己考虑吧！"可是，没想到，下午自习课之前，孩子们已经把捐好的4箱衣服和一箱鞋子装好了，放在讲台边。看到孩子们这么高的热情，我只好与赵老师联系，把衣物送到车站，由赵老师找人拉到学校，分发给了那里的孩子们。我把这个消息告诉给孩子们，他们高兴得欢呼起来："今年冬天，他们不用受冷了！"听着孩子们的欢呼声，我的眼眶湿润了！为孩子们那一颗颗浓浓的爱心，为孩子们能时刻想到关心别人而高兴！更为在当今的社会情形下，有这样一片纯洁的净土而高兴。

作为教师，我深切地体会到，现在的孩子，只要进行适当的引导，给予适当的素材，就会激发出他们内心的善良。作为教师，就要学会恰当地运用身边的人力资源，有效地促进学生健康快乐的发展！

（此文发表于《云南教育》2010年第10期）

后 记

    本书呈现的8篇论文、29篇教学设计，均以"学生是课堂的主人"为出发点，由甘清梅老师深入钻研教材、研究学生，在无数次课堂教学实践的基础上反复打磨、修改完善而成。凝结着作者辛勤的汗水，虽然有些作品显得比较稚嫩，却在平凡中彰显着教师专业成长的历程。

    此书的出版，得到了所有同仁的大力支持和鼓励，在此一并表示衷心的感谢！路漫漫其修远兮，吾将上下而求索！在小学语文教学实践的道路上，我将一如既往地努力，在今后的教育教学工作中做出自己应有的贡献。

    在实践中思考，在思考中提升，我们所迈出的每一步，都是在认真思考和鼓足勇气后踏出的。"有事者，事竟成，破釜沉舟，百二秦关终属楚；苦心人，天不负，卧薪尝胆，三千越甲可吞吴。"愿能将吾等艰辛化汝之精华，以诚感人，人亦诚应，今将书著，且闻其声，听其言，加以改进，得造化，提境界，迈其步也。

    书中难免会存在各种问题，如有不妥之处，恳请大家提出宝贵意见！